그림자 부스러기

그림자 부스러기

초판 1쇄 발행 2025년 10월 25일

지은이 솔향
펴낸이 장길수
펴낸곳 지식과감성#
출판등록 제2012-000081호

교정 주경민
디자인 정윤솔
편집 정윤솔
검수 정은솔, 윤혜성
마케팅 김윤길

주소 서울시 금천구 벚꽃로298 대륭포스트타워6차 1212호
전화 070-4651-3730~4
팩스 070-4325-7006
이메일 ksbookup@naver.com
홈페이지 www.knsbookup.com

ISBN 979-11-392-2877-9(03810)
값 15,000원

- 이 책의 판권은 지은이에게 있습니다.
- 이 책 내용의 전부 또는 일부를 재사용하려면 반드시 지은이의 서면 동의를 받아야 합니다.
- 잘못된 책은 구입하신 곳에서 바꾸어 드립니다.
- 이 도서는 2025 (재) 원주문화재단 보조금 지원사업으로 발간되었습니다.

지식과감성#
홈페이지 바로가기

그림자 부스러기

솔향 수필집

프롤로그

어느 날
내 안에 오래된 그림자 하나가 바스라졌습니다.

빛에 닿지 못한 채 웅크리고 있던 기억
차마 말로 다 꺼내 놓지 못한 마음
그 조각들은 너무 작고 흐릿해서
대부분 스쳐 지나가 버렸고
내가 쥐고 있던 것마저 손 틈새로 흘러내렸습니다.
하지만 사라진 것들이 모두 잊힌 건 아니었기에
그 부스러기들을 다시 주워 담기 시작했습니다.

그렇게 모아 둔 마음의 조각들입니다.
누군가는 사소하다고 여길 풍경
혹은 지나쳐 버릴 감정들
그것들이야말로
우리를 이루는 진짜 이야기라고 믿고 싶습니다.

우리는 모두 자신만의 그림자를 업고 살아갑니다.
때로는 그림자에 눌려 숨이 막히기도 하고
칠흑 같은 어둠 속에서 나를 마주하기도 합니다.

어둠을 품고 있는 당신에게 조용히 말을 걸고 싶습니다.

"당신의 그림자도 괜찮다.
지금 모습 그대로도 아름답다."라고.

그림자가 부스러진다는 건
한때 분명히 존재했다는 증거입니다.

이 책을 펼친 마음 어딘가에
한 점의 잔잔한 여운이 남기를 바라며….

2025 솔향

목차

| 프롤로그 | 4 |

1부
누군가의 과거는 다른 이의 미래

그림자 부스러기	12
불장난	15
엉킨 실타래	19
빨간 미니 원피스	23
엄마로 살기	26
놓쳐 버린 이혼 찬스	30
연탄 시대	34
졸업논문 분실 사건	38
칼로 물 베기	42
불편한 동거	45
인도네시아 봉사활동	50
탯줄	54
우리 것이 좋은 것이여	57
아빠 귀가시키기 작전	60

2부
끝없는 현재

봄 앓이	66
향기 나는 정치를 해 주세요	72
심리적 냉각기	75
회복 탄력성	78
내 삶의 여울	82
오늘이 가장 젊은 날	86
발에 대한 예의	89
틈새 라면	92
비블리오 배틀	96
비스듬한 새벽	100
걸음의 미학	103
황혼빛 물들 때	107
비, 그리고 나	110

3부
다른 세상의 한 조각

못난이 채소	116
소리 없는 비명	121
주차난 속의 행복	124
끼어들기	129
흙 살리기	132
플라스틱이 삼킨 바다	136
엄마의 무너진 밤	139
1+1의 유혹	144
데이터 쓰레기	148
혼밥	151
멈춰버린 냉장고	154
상호 의존성	158
양평역에서 왕십리까지	162
꽃받침	167

에필로그	172

1부

누군가의 과거는
다른 이의 미래

그림자 부스러기

 해 질 무렵, 창가에 길게 드리운 내 그림자를 바라보다가 문득 생각했다. 나는 얼마나 많은 '나'를 흘리고 다녔을까. 누군가를 지나치며 무심코 던진 말 한마디, 나조차 기억하지 못하는 표정 하나, 어쩌면 어떤 이에게는 마음에 스며든 상처였을 조각들. 그림자는 늘 나와 함께하지만, 실체는 아니다. 내가 어딘가를 지나갈 때마다 그림자는 뒤에 작은 부스러기를 남기고 갔을 것이다. 그것은 내가 누군가의 마음에 남긴 무게 없는 기억, 혹은 무심한 흔적이었을지도 모른다. 마치 먼지처럼 가볍지만, 쌓이면 지울 수 없는 얼룩이 되기도 하는 그런 것들.
 살다 보면 우리는 종종 누군가의 인생에서 조연이 된다. 아주 짧은 등장에도 불구하고 순간, 내가 남긴 그림자 부스러기는 그들의 기억 속에 깊이 박히기도 한다. 내가 의도하지 않았음에도 불구하고, 나의 말 한마디가, 눈빛이, 누군가에겐 오래도록 아물지 않는 흉터로 남을 수도 있다는 사실이 문득 두렵게 느껴졌다.

반대로, 아주 사소한 다정함도 누군가의 삶에 따뜻한 빛으로 새겨질 수 있다. 아무도 주목하지 않은 작은 친절도 누군가에게는 하루를 견디게 하는 힘이 되기도 한다. 그림자 부스러기마저도 따뜻하고 부드럽게 남을 수 있도록 살아가야겠다. 눈에 보이지 않아도, 모든 부스러기가 결국 나라는 사람을 말해 주고 있을 테니까.

어두운 골목길을 걷다 보면, 나도 모르게 발밑에 떨어져 있는 작은 그림자 부스러기들을 발견한다. 그것들은 마치 잃어버린 시간처럼, 스쳐 지나간 기억처럼 흩어져 있다. 햇빛이 지면, 그림자는 그 모습을 일깨우고 그 속에서 과거의 한 조각을 찾아낸다. 그림자 부스러기들은 어쩌면 우리의 상처일지도 모른다. 과거에 있었던 일들이나, 지나쳐 온 사람들과의 관계에서 남은 작은 조각들. 우리는 그것들을 보지 않으려 해도 그 부스러기들은 여전히 발밑에 남아 있다. 하지만 그것들을 무시하고 지나치기보다, 한 번 더 내려다보고 그 의미를 되새겨 보는 것이 중요하다.

그 속에는 우리가 겪었던 고통과 아픔, 그리고 그 안에서 피어난 성장이 담겨 있다. 부서진 조각들은 언제든 다시 모아져 새로운 형태로 다시 태어날 수 있다. 회오리바람, 모래 언덕일지라도….

우리는 매일 그림자 부스러기를 밟고 지나며, 부스러기들이 우리를 조금 더 성장시키고 있다는 것을 깨닫지 못한다. 그림자들이 내일의 빛을 기다리고 있다는 것을.

　그림자 부스러기들은 결국 사라지지 않는다. 어느 순간 우리 안에 다시 살아 숨 쉬며, 나를 이끌어 갈 또 다른 시작의 힘을 준다. 과거의 모든 부스러기가 모여 지금의 나를 만든다.

불장난

  어린 시절 겨울이 되면 안방과 건넌방 사이 대청마루에 난로를 놓았다. 그 위에는 커다란 물 주전자를 올려놓아 더운물이 필요할 때 쓰곤 했다. 보일러 시설이 되어 있지 않던 때라서 따듯한 물을 쓰고 가습기 역할도 하던 물 주전자였다. 엄마가 외출하면서 아랫집 한 살 위인 언니와 집을 보고 놀고 있으라고 했다.

  난로 앞에서 놀던 내 눈에 들어온 팔각 성냥갑 안에는 동그란 성냥이 빼곡하게 들어 있었다. 성냥을 난로에 대면 타닥, 하고 피어나는 불빛. 그 짧고 선명한 순간의 아름다움이 어린 마음을 사로잡았다. 작고 가느다란 나무 막대 하나에 불꽃이 일자 그 순간만큼은 세상을 가진 듯한 기분이 들었다. 그러나 동시에 위험한 장난이라는 것을 알았다.

  성냥불은 몇 초 만에 꺼진다. 하지만 불씨는 금방 사라지지 않는다. 불장난하면 오줌 싼다며 늘 조심하라는 엄마의 말을 잊은 채 성냥불 장난에 빠지고 있었다. 불꽃이 사라진 성냥은 던지고 또 난로에 대면 불꽃이 일어 너무 재미있는 장난이었다. 몇 번을 반복하다가 뒤로 던진 성냥이 방문에 꽂히면서 문창호지에 불이 붙고 문짝이 타기 시작했다. 같이 놀던 아랫집 언니는 무서워 자기 집으로 뛰어가고 혼자 코르덴 점퍼를 벗어 들고 불을 끄느라 한참을 허둥지둥 애를 썼다. 얼마가 지났는지 다행히 불이 방문 틀을 검게 그을리고 문창호지에 흉하게 구멍을 낸 채 더 이상 번지지 않았다. 목재 건물 기와집인데 대들보까지 번졌으면 집을 다 태워 버릴 뻔한 일이었다. 그해 겨울 따듯하게 입어야 했던 생일날 사 주신 옷은 불똥으로 여기저기 구멍이 나서 못 입게 망가졌다. 불을 꺼서 다행이라는 생각보다 엄마가 돌아오면 혼날 일이 더 큰 걱정이었다. 그제야 춥고 떨려 울음이 터졌다. 엄마가 돌아올 때까지 한참을 울고 있었다.

집에 들어선 엄마는 의외로 야단치지 않았다. 나중에 알게 되었지만 동그랗게 커진 까만 눈의 놀란 표정에 굴뚝에서 나온 아이처럼 얼굴과 손은 검은 재로 칠하고 떨고 있는 아이가 화상을 입지 않은 것이 다행으로 생각되었다고 한다. 겁도 없이 불을 끄느라 놀랐을 것도 염려되었다고 했다. 세수하고 이불을 머리까지 뒤집어쓰고 한참 자고 나니 좀 안정이 되는 듯했다.

한번 붙은 불은 손끝을 데게 하고, 옷자락을 태우고, 때론 마음까지 그을릴 수 있다. 그래서 어른들이 늘 말하는 불은 장난이 아니라 조심의 대상이라는 의미를 이해하게 되었다. 불은 따뜻했다. 그러나 동시에 무서웠다. 성냥불은 몇 초밖에 타오르지 않지만, 그 짧은 불꽃 속에는 유혹과 위험, 경이와 두려움이 담겨 있었다.

불장난은 호기심에서 시작된다. 어른이 되어 다시 돌아보면 살아가면서도 여전히 마음속에서 작은 성냥을 긋고 있다는 생각이 든다.

툭 던진 말 한마디, 꺼내지 말아야 할 감정에 기름을 붓는 순간, 지나간 기억을 다시 돌아보는 마음의 습관. 모두가 조심스럽게 다루어야 할 불씨들이다.
사랑도 그랬다. 처음은 설렘으로 탔지만, 조금만 방심하면 타오르다 그을려 버리고 말았다. 그제야 깨달았다. 가장 뜨겁고도 찬란한 것들은 늘 조심스럽게 다뤄야 한다는 것을. 성냥불은 금방 꺼져도 손끝에 남는 따끔함은 오래간다.
작은 불꽃 하나가 내 안에 남긴 흔적은, 어쩌면 지금의 나를 만든 흉터이자 별빛이다.
살아가면서 우리는 눈에 보이지 않는 성냥을 자주 긋는다. 가벼운 말 한마디로, 무심한 행동 하나로, 누군가의 마음에 불을 지필 때가 있다. 그 불이 따뜻함이 될지, 상처가 될지는 오직 우리의 태도에 달려 있다. 사랑도, 우정도, 꿈도 마찬가지다. 처음은 작고 순수한 불씨였지만, 섣불리 다루면 금세 타 버린다. 신중하게 보살피고 조심스럽게 품어야 비로소 오래도록 빛이 된다.

성냥불 장난은 어릴 적 이야기다. 그 경험은 내게 삶의 균형을 가르쳐 주었다.

뜨겁고 찬란한 것일수록 더 조심히 다루어야 한다는 것. 무언가를 태우는 것보다, 따뜻하게 지켜 주는 일이 더 어렵고도 중요하다는 것. 지금도 내 마음속에는 작은 성냥 상자가 하나 있다. 내가 켜고 싶은 불, 지켜야 할 온기, 조심해야 할 감정들이 고이 담겨 있다. 나는 오늘도 그 상자를 열기 전, 한 번 더 생각해 본다. 그리고 마음속 성냥 상자를 조심스레 닫는다.

엉킨 실타래

겨울이 오기 전이면, 엄마는 실타래를 꺼내 들었다. 무릎 위에 털실이 고요히 숨 쉬는 사이, 바늘 끝에서 작은 기적이 피어났다. 조용한 밤마다 한 코 한 코 떠 가는 그 실은 단지 옷감이 아니었다. 그것은 엄마의 마음, 엄마의 시간, 그리고 엄마의 사랑이었다. 자다가 눈을 떠 보면 가만히 앉아 집중하던 모습, 그리고 어느 날 내 품에 안겨 온 손뜨개 옷 한 벌. 그 옷은 따뜻한 실로 짠 옷이 아니라 엄마의 마음으로 짠 것이었다.

지금 와서 생각해 보면, 세상에 그보다 더 고운 옷은 없었다. 실을 한 코, 한 코 넘기며 엄마는 내게 사랑을 걸쳐 준 것이었다. 그 손뜨개 옷은 내 몸을 감싸는 동시에, 엄마의 시간을 감쌌다. 종일 집안일로 바쁜 틈틈이 짬을 내어, 밤마다 졸린 눈을 비비며, 바늘을 놓지 않던 엄마의 손끝에서 피어난 옷에는 실보다 더 촘촘한 마음이 얽혀 있었다. 시간이 흘러 그 옷은 작아지고, 낡아지고, 결국 더는 입을 수 없게 되었지만, 이상하게도 그 기억만은 조금도 낡아지지 않았다. 옷장에서 오래된 상자 하나를 열 때면, 한때 내 몸을 감쌌던 그 따스함이 여전히 살아 있는 듯하다. 어쩌면 우리는 그런 옷을 입고 자란 사람들일지 모른다. 보드랍고 따뜻한 실로 지어진 말들, 다정한 눈길과 손길들. 겉으로는 흔한 손뜨개 옷이지만, 그 안에는 아무리 세월이 지나도 풀리지 않는 마음 하나가 꼭 매듭지어 있다.

눈썰미 좋은 엄마가 뜨개질하던 것을 방 귀퉁이 바구니에 담아 놓으면 나는 뜨개질이 신기하여 몰래 만져 보았다. 하지만 뜨개바늘이 빠지기도 하고 실타래가 엉켜 버리기도 해서 꼭 들키게 된다. 몰래 한 것도 엄마는 귀신같이 안다. 밤잠 못 자면서 뜬 것을 풀어 다시 짜야 할 때도 있어서 미안했고 심한 꾸중을 듣기도 했다.

어린 나는 그저 알록달록한 실이 신기했을 뿐이었다. 색이 예쁘다며 고르고, 완성된 옷을 입고는 거울 앞에서 빙그르르 돌았다. 하지만 몰랐다. 그 따뜻함이 단지 털실 때문이 아니라는 걸. 그것은 엄마의 손끝에서 전해지는 체온, 바늘 사이로 스며든 숨결, 그리고 말없이 전해지던 깊은 사랑 때문이었다는 걸.

손뜨개 옷은 조금 투박했다. 바람을 완전히 막아 주진 못했고, 유행을 따라가지도 않았다. 그러나 이제는 안다. 세상 어떤 옷보다 귀했던 그 한 벌이 내게 어떤 온기를 남겼는지를. 섬세한 정성과 실 한 가닥에도 엄마의 하루가 묻어 있었고, 매듭 하나하나에 엄마의 밤이 걸려 있었다. 바늘을 들고 있던 엄마의 손등엔 작은 주름이 자라고 있었고, 그 손은 늘 말없이 나를 감싸 주었다. 시간이 흘러 손뜨개 옷은 작아졌다. 더는 입을 수 없을 만큼 낡았지만, 그 기억은 도무지 지워지지 않는다. 겨울이 올 때마다 나는 그 옷을 떠올린다. 해묵은 옷장에서 꺼내는 것이 아니라, 마음 깊은 곳에서 조용히 다시 입어 보는 것이다. 엄마가 짜 준 손뜨개 옷은 따뜻한 기억이다. 그 겨울, 그 손길, 그 사랑이 내 삶을 지탱하는 속옷처럼 여전히 나를 감싸고 있다.

지금도 겨울이 오면 문득 그 손뜨개 옷이 그립다. 촘촘히 엉킨 실 사이로 스며 있던 엄마의 체온, 엄마의 숨결. 그리고 말없이 내게 건네던 따뜻한 기억이 실타래에 담겨 있다.

실타래를 손에 들고 있으면 늘 한 가지 생각이 든다. 처음에는 질서정연하게 감겨 있던 실이 어쩌다 이렇게 엉켜 버렸을까. 조용한 마음으로 한 올 한 올 풀어내다 보면, 마치 인생을 들여다보는 듯한 기분이 든다.

우리는 살아가면서 수많은 사람과 관계를 맺고, 수많은 일과 실타래처럼 엉킨다. 처음에는 단순하고 명확했던 일들도 시간이 흐르고 감정이 얽히고 이해가 어긋나기 시작하면 점점 풀기 힘든 매듭이 된다. 무심코 던진 말 한마디, 오해에서 비롯된 침묵, 용기를 내지 못했던 사과. 이런 작은 순간들이 모여 실타래처럼 엉키고 꼬인다.

실타래를 억지로 당기면 매듭은 더 단단해지고 풀기 어려워진다. 인생도 그렇다. 서두르지 않고, 마음을 다해 천천히 들여다볼 때 비로소 실마리가 보이기 시작한다. 때로는 한참을 돌아가야 하고, 또 때로는 아예 잘라 내야 할 실도 있다. 하지만 중요한 건 그 실을 마주하고 풀어 보겠다는 용기다.

나 역시 수많은 얽힘 속에서 살아왔다. 누군가와의 관계, 마음속 상처, 지나간 후회들. 때로는 도저히 풀리지 않을 것 같았지만 그 실을 붙잡고 포기하지 않았을 때 조금씩 매듭은 느슨해졌다. 어느 순간 엉켜 있던 실타래는 다시 부드럽고 따뜻한 실이 되어 새로운 무언가를 만들 준비를 했다. 삶은 늘 완벽하게 풀리지 않는다. 하지만 풀려는 마음이 있다면 엉킨 실타래도 언젠가는 다시 제자리를 찾게 된다. 오늘도 마음속 실타래를 조심스럽게 어루만지며 엄마가 짜 준 손뜨개 옷을 추억한다.

빨간 미니 원피스

들판을 스치는 바람이 달라졌다. 풀잎 끝에 맺힌 이슬은 더 이상 봄의 여린 숨결이 아니고, 햇살은 어느덧 여름의 따스한 손길이다. 입하, 계절의 문이 조용히 열린다.

그 틈에서 들꽃은 피어난다. 이름조차 불리지 못한 작은 꽃들이, 햇살 아래 눈부시게 고개를 든다. 누구의 시선도 바라지 않으면서, 그러나 누구보다 뜨겁게 살아 있다.

피어난다는 건 얼마나 찬란한 일인가. 마른 흙을 뚫고 나와, 바람을 견디고, 마침내 색을 드러내는 순간, 들꽃은 말없이 외친다. '나는 살아 있다'라고. 입하는 그 외침을 듣는다. 들꽃의 숨결로, 바람의 손끝으로, 햇살의 눈빛으로 초록의 숨결이 일렁이는 들판 그 속에서 들꽃은 조용히 눈을 뜬다. 작디작은 씨앗이 견뎌낸 시간 끝에 첫 빛을 받아 안으며 피어난다.

햇볕은 따뜻한 축복 되어 꽃잎 위에 내려앉고 바람은 고운 손길로 생명의 기쁨을 어루만진다. 피어난다는 건 이토록 아름다운 일. 들꽃 한 송이는 작은 몸짓으로 여름을 부른다. 그건 땅과 하늘이 함께 부르는 살아 있음의 외침이 아닐까?

 햇살이 밝게 비추던 날, 내 인생에서 첫 번째 컬러사진을 찍게 되었다. 그날은 내가 가장 좋아하는 빨간 미니 원피스를 입었다. 사진작가인 직장 선배가 사진을 찍으면 녹색의 숲과 잘 어울릴 거라면서 점심시간에 동산으로 나오라고 했다.

 그동안 아날로그 필름 카메라로 찍었던 사진들이 많지만, 이번에는 컬러필름이 감겨 있는 작은 롤 속에 내가 이 세상에서 처음으로 색을 담을 기회가 들어 있었다.
 사진작가인 그가 셔터를 눌렀다. 카메라는 내 얼굴을 비추었고, 빨간 미니 원피스와 함께 내 눈빛이 담겼다. 그 순간, 시간은 잠시 멈춘 듯했다. 앞에 펼쳐진 세상은 검은색과 흰색의 경계를 넘어서, 모든 것이 생동감 있게 살아 숨 쉬는 빛깔로 물들어 갔다. 빨간 원피스는 더욱 선명하게, 나의 모습은 더욱 뚜렷하게 드러났다.

 며칠 후, 그 필름이 현상되어 돌아왔다. 드디어, 나의 첫 번째 컬러사진을 손에 쥐었다. 사진 속 빨간 미니 원피스는 그 어느

때보다 아름답게 빛나고 웃음 띤 얼굴은 해맑은 표정이었다. 단순히 한순간을 기록한 것이 아닌 내 존재를 하나의 예술로 승화시킨 느낌이었다. 색은 나를 더 입체적으로 만들어 주었다. 그 사진은 나의 외모를 담은 것이 아니었다. 그것은 나의 성장을 담은 것이었고, 나의 첫 번째 컬러사진으로서 내가 색을 인정하고 받아들인 순간이었다. 이 순간을 지나 다시 세상에 나가 모든 색을 만나고 그 색들을 내 마음속에 담을 준비가 되었다.

엄마로 살기

나는 두 아이를 모두 모유 수유로 키웠다. 그건 내 인생에서 가장 깊고도 길었던 사랑의 시간이었다. 모유 수유를 하기 위해 직장도 그만두었다. 아이들이 유치원을 가게 될 때까지 육아에 전념하기로 했다.

모유에는 항체(특히 IgA)가 풍부하여 아기가 감염병에 걸릴 확률을 줄여 주고. 위장에 맞게 소화가 쉬운 성분으로 구성되어 있어 변비나 설사의 위험이 적다고 한다.

엄마와의 피부 접촉과 눈 맞춤은 애착 형성에 긍정적인 영향을 미친다. 심리적 안정감과 신뢰감 발달에 관한 일부 연구에서는 모유 수유를 한 아이들이 인지 발달(언어, IQ 등)에서 다소 높은 점수를 보이는 경향이 있고, 모유 수유가 유아기 체중 조절에 긍정적인 영향을 미쳐 성인기 비만, 당뇨, 고혈압 등의 만성 질환 예방 가능성도 제기되었다.

산모에게는 유방암 발생 확률도 줄어든다고 하니 모유 수유에 대한 나의 결정을 확고하게 세울 수 있었다.

첫째 딸을 안고 처음 젖을 물렸던 순간을 지금도 잊을 수 없다. 작고 연약한 입술이 내 가슴을 찾아 더듬던 그 떨림. 나는 엄마가 되었고, 아이는 나에게서 생명을 이어받았다. 서툴렀고, 아팠고, 밤은 너무 길었지만, 그 모든 걸 견디게 한 건 아이의 따뜻한 숨결 때문이었다.

아들인 둘째는 첫째보다 조금 더 여유롭게 안아 줄 수 있었다. 한번 겪어 본 육아의 경험 덕분이었을까, 아니면 이미 '엄마'라는 존재가 내 안에 단단히 자리 잡은 덕분이었을까. 둘째 아이는 조금 더 조용히, 나를 바라보며 젖을 물었고, 나는 그 작고 맑은 눈동자에서 또 하나의 사랑을 배웠다.

모유 수유는 단순히 먹이는 일만이 아니었다. 그건 매일 서로의 체온을 나누고, 마음을 읽고, 눈빛을 맞추며 살아가는 시간이었다. 아이는 젖을 먹으며 자라고, 나는 아이를 보며 또 한 번 나를 돌아보았다.

밤새 몇 번씩 깨며 젖을 물리던 날들. 몸은 녹초가 되었지만, 품 안에서 고요히 잠든 아이의 얼굴을 볼 때마다 피로는 사랑으로 바뀌었다. 하루하루가 고되고 지쳤지만, 그 모든 시간을 돌아보면 결국 따뜻하고 눈물겹도록 소중했다.

　6개월쯤 되면 젖꼭지를 깨물기도 해서 젖을 먹이다가 아야! 하며 볼기를 때리기도 했다. 앞니가 나려고 잇몸이 근지러워 그러는 것이라고 할머니가 가르쳐 주었다. 이때는 이유식을 시작해야 하는 시기였는데 직접 만들어 먹였다.

　첫아이 두 돌 전에 동생을 보게 되었는데, 첫돌이 되자 젖이 줄어들기 시작했고 둘째를 임신했다. 젖을 떼려는데 아이는 자꾸만 젖을 물고 싶어 했다. 우유병을 물리면 깨물어 버리고 뱉어 빨대를 사용하여 먹이기 시작했더니 다행히도 잘 적응하여 젖꼭지에 파스를 부치고 엄마 젖 아프다고 하니 다시는 찾지 않았다.

　둘째는 첫돌 되기 전에 수유량이 줄어들어 우유를 병행했는데 돌 전에 자연스레 모유를 줄이고 우유량을 늘려 가며 이유식을 병행하는 방법으로 젖을 수월하게 떼게 되었다.

　아이의 건강, 성격, 발달은 유전, 환경, 양육 방식 등 여러 요인의 영향을 받는다. 심리적으로 종이 기저귀의 영향이 부정적인 면이 있어 나는 천 기저귀를 사용했다. 그건 환경을 위한 거창한 결심도 아니었다. 그저 내 아이가 살아갈 세상을 조금이라도 덜 무겁게 해 주고 싶다는 마음 하나였다. 삶고, 빨고, 말리는 일은 생각보다 손이 많이 갔다. 하룻밤이 지나면 통으로 가득한 기저귀를 손으로 헹구며 언제 기저귀를 면하게 될까 하는 생각도 했다. 그런 날들 속에서도 햇빛에 널어 말릴 때 긴 빨랫줄에 펄럭이는 기저귀를 보면 뿌듯했고 보송하게 마른 기저귀를 개며 아이의 잠든 모습을 오래 바라보았다. 무엇보다 천 기저귀를 쓰면 발진 발생이 줄고 착용감도 개운하다.

다행히 두 아이 모두 일찍 변기 사용에 적응했고 기저귀를 일찍 떼어 어릴 적부터 효도한 셈이다.

두 아이는 성인이 되어 각자의 삶을 살고 있다. 나는 안다. 그들의 몸 어딘가엔 내 품에서 자란 기억, 젖을 물던 입술의 감각, 그 따스한 온기가 여전히 살아 있다는 걸. 모유 수유는 끝났지만, 엄마의 사랑이 여전히 흐르고 있다는 걸, 두 아이의 웃음과 손짓, 잠든 얼굴이 내 품에서 멀어졌지만, 그들이 처음 머물던 내 가슴의 온도만큼은 언제나 기억되길 바란다.

놓쳐 버린 이혼 찬스

결혼 후 처음으로 우리 집에 시어머니께서 오셨다. 농사지은 마늘을 가지고 오신 기억으로 보아 유월 어느 날이었을 것이다. 작은 긴장과 설렘이 뒤섞여 있던 그날, 장을 보러 가야 하는데 아이를 맡길 곳이 없었다. 첫돌이 지난 딸을 유모차에 태우고 임신 팔 개월의 몸으로 반찬거리를 준비하러 재래시장에 갔다. 시장에 가는 동안 두 달 후면 동생을 보게 되는 첫아이는 안아 달라고 자꾸만 뒤돌아보며 보챘다. 몇 번을 쉬어 가며 장을 보았는데 사람들은 그러는 아이를 보고 아우를 탄다며 동생에게 사랑을 빼앗길까 봐 떼를 쓰는 것이라고 했다.

몸도 무거운데 외식을 하면 좋겠지만 처음 오시는 시어머니께 직접 장만한 밥상을 차리는 것이 예의인 것 같아, 땀을 뻘뻘 흘리며 시장을 다녀와 저녁 밥상을 차렸다. 전세로 작은 방에 살던 때여서 방이 식당이고 침실이며 거실이던 시절이었다. 시어머니의 경상도 사투리 억양의 말투가 익숙하지 않았다. 그러던 중, 시어머니는 책상 위에 두 개의 면도기가 있는 것을 보시고는 쓰던 면도기를 형님 드리자고 했다. 형님이 비누 거품을 내서 칼 면도를 하니 남편이 쓰던 것을 형님 드리게 가져간다고 했다. 남편은 새 전동 면도기를 형님께 드리라고 했다. 그 면도기는 친정 엄마가 부산에 여행 갔다가 사위에게 주려고 국제시장에서 사 온 선물이었다. "새것을 드리려면 사서 드리는 게 좋겠어요."라고 말했다.

 감정을 솔직하게 표현한 것인데 남편은 어머니 앞에서 '말대꾸'로 받아들여졌던 모양이다. 경상도 양반집에서는 있을 수 없는 일이라며 분노했고 내 뺨을 내리쳤다. 순간 세상이 꺼지는 것 같았다. 그 자리에서 기절했고, 정신을 차려 눈을 떴을 땐 다음 날 낮 병실에 누워있었다. 고등학생이던 남동생이 토요일이면 오전 수업을 마치고 조카도 볼 겸 누나 집에 들르곤 했다. 주인집에서 소식을 듣고 병원으로 온 모양이다. 눈 주위에 시퍼렇게 멍이 든 채 링거를 꽂고 누워 있는 것을 보고는 매형이 이런 거냐며 가만있지 않겠다고 씩씩거렸다. 친정 부모님께 걱정을 끼칠까 염려되어 동생에게 비밀을 지켜 달라고 부탁했다. 매형에게도 모르는 척해 달라고 신신당부했다. 뱃속에 아기가 놀랐을까 걱정되었는데 다행히도 배를 차며 놀고 있어서 마음을 놓았다.

퇴원을 한 후에도 며칠을 멍이 점점 아래로 내려오면서 누런 빛으로 변해 가더니 서서히 사라져 남들이 어떻게 생각할까? 창피해서 외출도 못 했다.

그날 이후 몸보다 마음이 더 아팠다. 내가 뭘 그렇게 잘못했을까? 그건 정말 말대꾸였을까, 내 생각을 표현한 것일 뿐인데, 오래도록 머릿속을 떠나지 않았다. 친정에서 종아리 한번 맞지 않고 자랐고, 학교생활에서도 매 맞아 본 적이 없던 터라 마음의 상처로 오랫동안 남아 있었다.

지금은 제도적으로 사랑하는 사람에게 손찌검하는 것은 단순한 다툼이 아니라 폭력이며 절대 사랑으로 포장될 수 없고 어떤 이유로도 정당화될 수 없다. 어머니가 계신 상황에서 배우자에 대한 폭력은 명백한 가정폭력이며, 법적 보호를 받을 수 있는 사안이다.

50년 전인 그때, 두 아이의 미래와 친정아버지의 얼굴이 떠오르면 더욱 서러움이 더해졌다. '나만 참으면 되지. 시어머니 때문에 남편도 힘들겠지.'라는 생각과 앞으로의 생활에 대한 불안함이 마음을 어둡게 했다. 이런 상황이 반복되면 자신도 무너지게 될 터였다. 자신을 지키는 것이 가족을 지키는 첫걸음이라는 것을 그때는 몰랐고, 알려 주는 곳도 없었다. 더구나 아버지의 체면을 생각하면 언감생심 이혼할 용기를 낼 수 없었다.

친정엄마가 사위를 만나 다시는 안 그런다는 다짐을 받고 또 그런 일이 있으면 딸을 데려가겠다고 했다는 사실을 오랜 세월이 지난 후에 알게 되었다. 가정에서 부부 사이에 벌어지는 폭력은 사생활로 여겨져 다른 사람의 개입도 꺼리고 쉬쉬하던 시대여서 우리 딸 세대에는 이런 일이 있어서는 안 된다는 생각이 더욱 강하게 자리 잡게 되었다.

그 후로 남편은 화가 나면 문을 박차고 집을 나갔고 나도 되도록 화가 날 때는 감정을 조절하려고 단전호흡을 하며 노력했다. 부부싸움이 되지 않도록 상대방 입장을 먼저 생각하고 다툼의 상황을 피하게 되었다. 요즈음에 와서 돌이켜 생각해 보니 지나간 그때의 사건은 영락없는 놓쳐 버린 이혼 찬스였다.

연탄 시대

지금도 겨울밤이 깊어질 때면 문득 그 시절의 냄새가 떠오른다. 싸늘한 공기 속에 독하게 섞여 있던 연탄가스, 조용한 골목길을 따라 피어오르던 희뿌연 연기. 그리고, 잠결에 눈을 비비며 일어나 연탄불을 갈던 그때.

우리 집은 방이 네 개였다. 부부가 쓰던 안방과 아들, 딸, 직장에 다니는 조카딸이 살던 방을 긴 겨울 따뜻하게 데우기 위해선 노력이 필요했다. 요즘처럼 보일러 버튼 하나를 틀면 되는 시대가 아니었다. 그때는 방마다 연탄아궁이가 있었고, 부엌 한 귀퉁이나 창고 구석에는 불을 갈기 위해 준비된 새 연탄들이 쌓여 있었다. 아궁이 속 불씨가 꺼지지 않고 새벽까지 이어지게 하려면 밤 열두 시쯤엔 꼭 연탄불을 갈아 줘야 했다. 그 시간을 놓치면 방이 서서히 식어 가고, 이불 속에서도 추위를 느껴 잠에서 깨곤 했다. 더구나 꺼진 연탄불을 다시 지펴 살리려면 번개탄도 필요하고, 살아 있는 연탄불에 검은 새 연탄을 올려놓아 불을 지펴서 아궁이에 넣어야 하니 번거롭고 시간이 걸리는 일이었다.

밤 12시, 사람들이 잠든 시간. 두꺼운 스웨터를 걸치고, 조심스레 방문을 열고 나가서 장갑을 낀 손으로 연탄집게를 들었다. 부엌에 놓인 새 연탄 중 네 장을 집어, 하나하나 방마다 불을 갈았다. 연탄재를 조심스럽게 꺼내고, 새 연탄을 밀어 넣을 때면 어김없이 입김이 새어 나왔다. 어깨에서는 흰 김이 올라왔고, 바닥에 꿇은 무릎엔 먼지가 묻었다. 어떤 때는 연탄재를 꺼내려다가 아궁이 안에서 깨질 때가 있어 속상해 울기도 했다. 불이 살아 있는 위에 연탄불을 아래에 넣고 새 연탄을 그 위에 동그란 구멍을 맞추어 넣어야 하는데 재가 깨져 버리면 뜨거운 부서진 재를 모두 퍼내야 하니 참으로 난감한 작업이었다.

그 시절, 연탄불은 단순히 '난방' 그 이상의 의미였다. 그것은 가족을 위한 보살핌이었고, 겨울을 함께 이겨 내기 위한 마음의 온기였다. 연탄은 방 하나에 하루 두세 장씩 사라졌지만, 그 따뜻함은 집에 대한 기억을 채우기에 충분했다.

연탄 가는 일은, 어느새 내게 일종의 책임처럼 다가왔다. 겨울이 깊어질수록 책임감도 조금씩 무거워지고, 동시에 그 안에는 이상한 뿌듯함이 있었다. 불을 잘 갈고 나면 방구들은 서서히 데워졌고, 가족들은 따뜻한 잠자리에 들 수 있었다. 그 사실 하나만으로도 가슴이 꽉 차오르곤 했다.

　연탄불은 조심스러워야 했다. 환기를 제대로 하지 않으면 연탄가스가 새어 나와 위험했다. 매일 밤바람이 스미지 않을 정도로, 창문을 아주 조금씩 열어 두고 자야 했다. 눈이 오려고 저기압인 날에는 연탄가스가 방으로 스며 머리가 아프기도 했고 어떤 사람들은 생명을 잃기도 했다. 지금 와서 생각하면 '불 갈기'가 그저 단순한 일이 아닌, 얼마나 치밀하고 세심해야 하는 일이었는지를 깨닫는다.

　요즘 집 안은 늘 따뜻하다. 버튼 하나만 누르면 거실도, 방도 금세 데워진다. 물도 금방 뜨거워지고, 이불도 포근하다. 그런데 어쩐지 그 시절의 겨울이 더 따뜻하게 느껴지는 건 왜일까. 지금보다 훨씬 추웠고, 훨씬 불편했는데도, 마음속엔 연탄불로 피워 놓은 그 온기가 여전히 남아 있기 때문일까.

　이따금 연탄가스를 맡고 누군가 죽을 뻔했다는 이야기가 이웃에서 들려오면, 동네 어른들은 아이들 손을 꼭 잡고 말했다. "절대 아궁이 가까이 가면 안 된다. 밤엔 문 조금 열어 놔야 한다."
 모두가 서로를 살피던 그 시절, 마당가에 쌓인 연탄재 더미는 집마다 겨울을 얼마나 오래 버텼는지를 보여 주는 일종의 기록 같은 것이었다. 겨울 아침, 마당 구석에 쌓인 연탄재는 밤새 집을 데운 흔적이었다. 왠지 모르게 따뜻해 보이던 기억이 있다. 연탄은 불을 품었고, 그 불은 우리를 품었다. 아궁이에서 천천히 타오르며, 말없이 집 안 가득 온기를 퍼뜨렸다. 무심한 듯, 그러나 가장 헌신적인 존재였다. 그러나 불이 다하고 나면 남는 것은 재뿐. 손끝에 닿으면 바스러지고, 발끝에 묻으면 흔적이 오래 남는다. 그 흔적이 싫다고, 사람들은 재를 털어 냈다. 하지만 누가 알까. 재조차, 누군가를 따뜻하게 했던 기억이라는 것을.
 지금도 가끔, 인생이 연탄 같다고 생각한다. 자신을 태워 누군가를 덥히고, 다 타고 나면 조용히 퇴장하는 삶. 빛나지 않아도, 그저 있어 주는 것만으로도 충분했던 존재. 연탄재를 보며 배운다. 불꽃보다 그 뒤에 남은 재가 더 오래 기억될 수 있다는 걸.

졸업논문 분실 사건

　마흔 살이 넘어 남편이 대학원에 입학했다. 빠르게 변화하는 시대적인 요구와 더 전문적인 지식이 필요하다고 생각했다. 지방 방송국에 프로듀서로 일하고 있던 남편에게 대학원 진학을 권유한 건 나였다. 아이들이 학교에 들어가기 전이니 가능한 일이었다. 두 아이의 육아로 휴직 상태였던 때라서 남편의 월급으로는 학비와 생활비를 해결할 수 없었다. 아이들이 어렸기에 안방에서 네 식구가 생활하기로 하고 작은방 두 개에 의대생 두 명을 하숙생으로 두고 생계를 해결하기로 했다.

　두 아이를 키우면서 아침저녁 식사 메뉴를 미리 짜 식탁 옆 벽에 붙여 놓고 매 끼니를 준비해야 했다. 야간 대학원을 서울로 다녀야 하는 남편이 기차를 타고 새벽 한 시가 지나서 도착할 즈음에는 대문에 전등을 켜 놓고 마중 나가 있었다. 늦은 밤 집으로 돌아오는 남편을 격려하기 위해서다.

　어느 날은 돌아올 시간이 한참 지났는데 오지 않아 무슨 일이 생겼나 마음 졸이며 기다리고 있었다. 택시비를 아끼느라 기차에서 내려 삼십 분 정도 걸리는 거리를 걸어오다가 자전거를 타고 가던 사람과 부딪쳐 넘어졌다고 했다. 양복바지가 흙투성이로 찢어졌고 무릎이 까졌는데 다행히 크게 다친 데는 없는 것 같아 그냥 보내 주었다고 한다. 늘 손해만 보는 남편이 바보 같아 보였지만, 그 사람은 보태 줘야 할 처지로 보였다고 해서 '그만하기 다행이다.' 생각하고 "잘했네! 잘했어." 하며 미숫가루 꿀물을 건넸다.

  대학원 수업을 마치는 시간이면 고속버스 막차를 놓치기 일쑤였고 청량리역으로 가서 기차를 타야 하는데 기차도 놓칠 때가 있어서 고속도로 요금소 진입로에서 영동고속도로 방향으로 가는 차에 태워 달라고 해야 하는 상황도 자주 있었다. 가끔 트럭 조수석에 신세를 질 때면 고속도로 진입로에 내려 주어 그곳에서부터 택시를 탈 수 있는 도로까지 걸어 나와야 하는 때도 있고, 운 좋게 원주로 오는 택시를 만나면 싼값에 올 수도 있었다.

  원서로 공부할 때는 영어 실력이 딸려 카투사 출신인 교회 장로님에게 개인 지도를 받으며 열심히 공부했다. 어느 학기에는 장학생으로 선발되기도 하여 등록금 부담이 줄어 우리 부부는 한 가지 목표를 두고 각자의 역할에 충실했다. 힘든 줄 모르고 삼 년의 세월이 흘러 마지막 학기가 되었다.

컴퓨터를 사용하기 이전이라서 졸업논문을 200자 원고지에 손 글씨로 써야 했는데 남편은 혓바닥을 내밀어 입술을 핥으며 거실에 교자상을 펴 놓고 앉아서 쓰곤 했다. 그 모습은 쓰는 것에 집중하고 있다는 증거이기도 하다. 그렇게 졸업논문을 완성하여 이제 고생이 끝나나 싶어 홀가분한 기분이었다.

마지막 마무리를 검토한다면서 남편은 논문 가방을 들고 나갔다. 3년 동안 단 한 번도 포기하지 않았던 연구, 원고지 500매에 눌러쓴 생각들, 그건 단순한 가방이 아니었다. 그 가방엔 석사과정 3년이 통째로 들어 있었다.

홀가분한 기분도 잠깐, 남편에게서 전화가 왔다. 논문을 잃어버렸다는 것이다. 택시에, 논문을 두고 내린 것이었다. 심장이 뛰기 시작했다. 머리는 하얘졌고, 무릎이 떨렸다. 그 순간, 눈앞이 캄캄해졌다. 종잇장 몇백 매에 불과한 그 글들이 어떤 무게였는지 그제야 뼛속으로 실감하게 됐다. 나는 시내에서 가장 중심가, 택시가 많이 서 있는 정류장으로 급히 달려갔다. 정차해 있는 택시 한 대 한 대 기사님께 사정을 이야기했다. 사정 얘기를 하며 거의 울먹이며 말했다. "그 가방, 그거 못 찾으면 졸업 못

합니다. 아니, 논문을 다시 못 씁니다. 그건 우리 가족의 전부예요." 대부분 사람은 형식적인 위로를 건넸지만, 한 분이 내 절박함을 느낀 듯 "일단 기사님이 습득 신고를 하면 연락 갈 겁니다. 번호 남겨 놓고 기다려 보세요."라며 집 전화번호를 받아 주었다. 남편은 경찰서와 택시 회사에 도움을 요청했고 몇 시간의 피가 마르는 시간이 흘렀다. 다행히 논문을 실은 택시를 찾았다는 연락이 왔다. 소중한 것을 소홀히 한 남편을 나무라고 싶었지만, 나보다 더 속 태웠을 그가 측은하여 아무 말도 하지 않았다.

그날 이후 차에서 내릴 땐 꼭 앉았던 자리를 돌아보는 습관이 생겼다. 한 번의 실수가 인생을 흔들 수 있다는 것도 배웠다. 지금도 가끔 생각한다. 만약 그 논문이 돌아오지 않았더라면, 어땠을까?

돌아보면 잃어버린 논문보다 더 두려운 건, 삶의 굽이굽이마다 마주해야 했던 질문들, 그 질문을 붙잡기 위해 끝내고 싶은 유혹과 수없이 싸우며 지새운 날들이었다.

칼로 물 베기

 장마철도 아닌데 어제부터 내리는 비가 밤새도록 그치지 않는다. 주말에도 늘 바쁘던 남편이 오늘따라 피곤한지 나갈 생각을 하지 않고, 나도 몸이 찌뿌듯해 함께 동네 목욕탕을 가기로 했다. 걸으면 이십 분 정도의 거리지만 비가 와서 자가용으로 가기로 했다. 부부가 외출할 때는 항상 내가 운전한다. 남편이 운전하면 마음이 불안하고 답답하여 순발력도 좋고 운전을 좋아하는 내가 하는 게 서로 편하기 때문이다. 목욕탕 입구에서 한 시간 후 만나기로 약속하고 남탕과 여탕으로 각자 들어갔다.
 혼자 왔을 때는 시간에 구애받지 않고 자유로웠는데 자꾸만 벽시계를 보게 되었다. 약속한 시각이 되어 서둘러 마치고 밖으로 나왔는데 남편이 보이지 않았다. 아직 안 나왔나 생각이 들어 시계를 보니 약속 시간이 십 분이 지나 있었다. 여탕 안의 시계보다 왜 밖의 시계가 빨리 가냐고 물으니 여탕 안의 시계가 늦는 거라고 했다. 할 수 없이 남탕 쪽으로 기웃거리며 "저기요, 혹시 회색 운동복 입은 눈이 큰 남자 나왔나요?" 하고 소리쳤다. 조금 전에 나가셨다는 대답을 듣고서야 얼른 밖으로 나왔다.

　비는 아직도 그치지 않았으나 올 때보다 빗줄기가 약해져 있었다. 그래도 그렇지 비도 오는데 좀 더 기다리지 않고 그새 가 버리면 어쩌나? 우산도 없이 비를 맞으며 어디쯤 가고 있을까? 마음이 다급해졌다. 이리저리 살피며 집으로 향하는데 슬그머니 부아가 치밀었다. 자기는 술 마시면서 곧 간다 간다 하면서 마냥 기다리게 한 것이 아주 많았건만 잠깐도 못 기다려 주는 남편이 야속했다.

　집으로 가는 길 중간쯤 되는 곳에 비를 맞으며 걸어가는 남편이 보였다. 얼른 그 옆에 차를 세우고 비 맞지 말고 타라고 했는데 들은 척도 하지 않고 그냥 가는 그에게 감기 걸려 고생하지 말고 타라고 애원도 하고 소리도 쳤다. 못 이기는 체하며 뒷자리에 탄 남편과 집에 도착할 때까지 서로 아무 말도 하지 않았다.

　집으로 돌아와 남편은 거실 소파에 앉아 텔레비전을 보고 있었다. 입이 조그맣게 작아진 걸 보니 단단히 삐진 것 같았다. 남편이 화가 나면 눈은 더 커지고 입이 작아진다. 한편으로는 미웠지만 모처럼 휴일에 같이 있게 되었는데 즐겁게 지내기는커녕 분위기가 불편해져서 앞으로 휴일에도 집에 있지 않고 나가서 재미를 찾게 될까 봐 염려스러웠다.

방에서 손톱을 깎던 난 거실로 나가 소파에 앉아 있는 남편을 힐끗 쳐다보니 발톱이 긴 게 보였다. 슬그머니 다가가 소파 아래 바닥에 앉아 남편의 발을 내 무릎에 올려놓고 발톱을 깎아 주기 시작했다. 발을 뿌리치지 않아서 다행이었다. 한쪽 발톱을 다 깎고 나니 이번에는 다른 쪽 발이 내 무릎에 올라왔다. 나는 어이가 없어 깔깔 웃으며 "자동이네!"라고 했더니 남편도 빙그레 웃고 있었다.

이렇게 어색했던 분위기는 자연스레 해소되었다. 어린아이 같은 남편의 행동이 우스꽝스럽기도 하고 단순해 보이기도 했다. 마음을 달래 주는 김에 점심은 남편이 좋아하는 생태찌개를 준비하겠다고 했더니 내가 좋아하는 어묵 백반을 먹으러 가자는 남편의 제안에 따르기로 했다. 그럼 그렇지 가는 정이 있으면 오는 정이 있어야지 발톱 깎아 주었더니 점심은 외식하게 되었다.

계산은 내가 했지만, 언제 그랬냐는 듯 일식집 요리를 맛있게 먹고 담백하고 따뜻한 국물에 몸도 마음도 따뜻해졌다. 부부간 싸움은 칼로 물 베기라는데 자존심을 내려놓고 발톱을 깎아 주어 다시 평화로운 주말을 보내게 되었다.

불편한 동거

출장을 갔던 남편이 시어머니 손을 잡고 돌아왔다. 한마디 예고도 없이 자그마한 보따리도 못 챙기고 오는 모습에 깜짝 놀랐다. 사전 연락도 없이 어머님을 모시고 왔느냐는 물음에 남편은 버럭 화를 내며 "당신은 아들 집에 갈 때 며느리 허락받고 갈 거야?"라고 소리쳤다. 심상치 않은 느낌이 들어 더 이상 묻지 않았다. 황급히 서재로 모시고 이부자리를 준비하여 쉬게 했다.

팔십 대 초반이었던 시어머니는 큰형님 댁에 계셨는데 밤이면 잠을 안 자고 이 방 저 방 열어 보고 밖으로 나가고 하는 초기 치매 증상으로 대학병원에 입원하게 되었다. 치매 전문 요양병원도 없었을뿐더러 노인장기요양보험이 되지 않던 시절이었다. 출장 갔던 남편이 어머니를 뵈러 갔다가 입원하셨다고 해서 병원으로 가니 정신과 병동에 계신 어머니를 보고 놀라서 퇴원하도록 해서 모시고 온 것이다.

직장 생활도 해야 하는데 그 일은 큰 걱정이었다. 그 당시 시어머니보다 여섯 살 더 많은 외할머니가 우리 집에 계시면서 살림을 도와주시던 때여서 팔십 대 노인 두 분과 함께 살아야 하는 상황이 되었다.

그날부터 남편은 어머니의 손을 꼭 잡고 서재에서 함께 잤다. 그동안 어머니는 군대와 직장, 결혼으로 함께 지내지 못했던 셋째 아들과 함께 지내게 되어서 그런지 심리적으로 안정되는 듯했다. 남편의 동갑 친구인 한방병원 의사로부터 보약과 침 치료를 받으며 신기하게도 차츰 잘 주무시고 식사도 잘하셨다. 낮에는 외할머니가 시어머니와 함께 지내며 일요일에는 교회도 함께 가더니 세례도 받으셨다. 권사였던 외할머니는 시어머니를 전도하고 정성을 들였다. 살아온 문화가 다르고 생활 습관도 달라 서로 거슬리는 일도 많아 적응하는 데 시간과 세심한 배려가 필요했다.

아침 식사 준비는 했지만, 출근하느라 바쁜 일손을 덜어 주느라 설거지는 주로 외할머니가 하셨는데 운동 삼아 두 분이 번갈아 하는 게 좋겠다는 남편의 의견에 따르기로 했다. 짝숫날과 홀숫날로 구분하여 설거지 담당이 아닌 분은 식사가 끝나면 즉시 자기 방으로 들어가기로 했다. 서로의 설거지 방식이 달라 참견하여 기분을 상하게 하기 때문이었다. 깔끔하신 외할머니가 수도를 틀어 놓고 흐르는 물에 씻으면 시어머니는 물 낭비라 했고, 그릇에 받아서 헹구어 내는 시어머니 설거지 당번일 때는 외할머니가 나중에 다시 할 때도 있어 하루하루가 조심스럽고 힘들었다.

그러던 어느 날, 퇴근하여 "다녀왔습니다." 하며 시어머니께 인사를 드리면서 보니 머리에 기름기도 보였고 특유의 체취가 나는 것 같아 목욕시켜 드리려는데 "아래 했다." 경상도 사투리로 엊그제 했다는 뜻으로 할 생각이 없는 듯했다. "변기에 앉아 계시면 제가 씻겨 드릴게요. 매일 해야 냄새도 안 나고 잠도 잘 올 거예요." 했는데 "산 사람이 썩나!" 소리를 버럭 지르며 "그렇게 시에미가 싫으면 이혼하든지."라고 하면서도 욕실로 오셨다. 냄새가 난다는 말에 자존심이 상한 모양이다. 평소에 얌전한 분인데 과격한 행동을 보여 깜짝 놀랐다. 그래도 향기 나는 샴푸로 머리 감기고 몸도 씻겨 드리고 로션도 발라 드렸다. 혈액 순환이 잘되어서 그런지 얼굴에 혈색이 돌고 깔끔해진 모습이 좋아 보였다. 거의 매일 늦게 들어오던 남편이 그날따라 일찍 들어와 저녁 식사를 함께하게 되었다. 시어머니와 남편이 나란히 앉고 맞은편에 외할머니와 내가 앉아 식사 중에 남편은 "엄마 오늘 얼굴이 홍시같이 예쁘네."라고 시어머니께 말했다. 그냥 가만히 듣고 있었더라면 좋았을 걸 "아들이 이쁘다잖아요. 글쎄, '남의 아들하고 살면서 그렇게 시에미가 싫으면 이혼하지 그래' 하며 안 하시려는 걸 억지로 시켜 드렸어." 허허 웃으며 철없이 지껄였다. 그러자 갑자기 시어머니는 숟가락을 식탁에 집어 던지면서 "내가 언제 그랬노, 쟤 거짓말 하는 거 보래이." 하며 소리쳤다. 순간 남편은 큰 눈을 더 크게 뜨면서 "앞으로 어머니와 있었던 일 내 앞에서 말하지 마."라고 소리 지르며 화를 냈다. 그 순간 정수리에서부터 발끝으로 찌르르 전기가 흐르는 것 같더니 정신을 잃고 말았다. 눈을 떠 보니 찬 물수건으로 얼굴을 닦으며 입에 물컵을 들이대고 한 모금 마시라며 외할머니가 근심 어린 눈길로 내려다보고 있었다. 하루하루 사는 것이 사건의 연속이고 좌충우돌 긴장 속에 살았다. 삼 년이 지나 건강이 좋아지신 시어머니는 고향집 둘째 아들 집으로 가셨다. 집 옆에 있는 경로당 친구들과 어울려 고스톱을 하며 지내시도록 백 원짜리 동전이 가득한 주머니를 챙겨 드렸다.

우리나라 의료보험제도는 1977년부터 실시되었고 1988년부터 전 국민 의료보험 혜택을 받게 되었지만 2008년에서야 노인장기요양보험제도가 시행되었다. 그 이전의 치매 가족이 있는 가정에서는 형제간의 갈등, 부모 자식 사이 천륜을 저버리는 일이 적지 않게 보도되었다.

  치매 노인은 기억은 잊더라도 감정은 오래 남는 것 같다. 시어머니와 살면서 겪은 어려움은 정신적, 육체적, 정서적으로 매우 컸다. 치매 증상 중 분노가 폭력적인 행동으로 나타나기도 하고 자기가 한 말을 기억하지 못하여 그런 것이라는 것을 나중에 알게 되었다. 이런저런 풍파를 겪으며 삼 년 동안 함께한 사연을 적으면 소설이 몇 권은 될 듯하다. 나의 딸과 며느리는 치매 가족으로 인해 겪게 되는 문제를 해결하지 않으면 결코 행복할 수 없다는 것을 깨닫게 되어 오늘도 나는 맑은 영혼 갖게 되기를 기도한다.

인도네시아 봉사활동

　대학에 근무하던 여름 방학이었다. RC 봉사단과 대학 교회 봉사단이 해외 봉사를 하러 갔다. 인도네시아는 동남아시아에 있는 열대성 기후의 수많은 섬으로 이루어진 나라이다. 10박 11일간의 여정은 내게 많은 깨달음을 갖는 계기가 되었다. 떠나기 전, 천연자원이 풍부하며 저임금의 무한한 노동력이 존재하는 이슬람의 나라, 자카르타가 수도이며 화폐단위는 루피아, 언어는 인도네시아어를 사용한다는 것이 내가 아는 인도네시아라는 나라의 전부였다.

　28명이 인천국제공항을 떠나 7시간의 비행 끝에 도착한 자카르타 국제공항에서 만들기 교재용으로 가져간 찰흙이 문제가 되었다. 통관 시간이 지체될 때 목사님의 탁월한 언어능력과 기지로 해결되었다. 또다시 4시간 정도 버스로 가야 가나안 농군학교가 있는 사랑스러운 세상(땅)이란 뜻을 지닌 수카부미(Sukabumi)에 도착할 예정이다. 도로 사정에 따라서 가 봐야 안다는 가나안 농군학교 학감님의 안내 말씀을 듣고 고생길에 접어든 것이 아닌가 하는 불안한 마음도 들었다. 첫날부터 봉사 일정이 시작되었다. 먼저 가나안 농군학교 교장 선생님의 말씀은 섬기는 마음으로 봉사 대상자 중심으로 봉사에 임해 줄 것과 대한민국의 이미지와 위상을 높일 수 있도록 할 것이며 상황에 따라 변경되는 경우 불평하지 말 것을 당부하셨다.

고개를 들기 힘든 덜컹거리는 작은 봉고차를 타고 숙소로부터 20여 분 학교를 향해 가는 동안 바라보는 풍경이 아름다워 견디기 힘든 승차감의 불편을 잊을 수 있었다. 나그락(NAGRAK) 초등학교와 찌솔록(CISOLOK) 중학교에서 만난 교복을 입은 학생들은 한결같이 까만 큰 눈에 긴 속눈썹이 예쁘고 순수해 보였다. 놀랍게도 그들이 말하는 미인의 기준은 '작은 눈에 흰 피부'라고 한다. 만날 때마다 "슬 라마 맛 빠기" 혹은 "할로"를 미소 지으며 외치는 그들, 특히 수업이 끝나면 한 줄로 서서 문 앞의 선생님과 악수를 한 후 귀가한다. 악수한 손을 이마에 대면 존경의 표시로 혹은 볼에 대는, 마음으로 나누는 그 인사법은 내게 큰 감동을 주었다. 당신의 마음을 간직하겠다는 정중한 표시로 악수한 자기 손을 가슴에 대기도 한다. 누군가 학생들을 가르치고 돌아오는 작은 자동차 안에서 "배우는 것보다 가르치는 것이 훨씬 더 힘들다는 것을 알았다."라고 했다.

가나안 농군학교의 점호는 매우 인상적이었다. 새벽 다섯 시 반이면 실시되는 아침 점호는 숨이 다할 때까지 외치는 새벽을 깨우는 함성, 애국가 4절까지 부르기, 체조 등 구호를 외치며 경사진 언덕길을 뛰어야 했다. 정신과 육체를 단련하는 게 힘들어도 빠질 수 없는 소중한 시간이었다. 방바닥에 머리카락 하나 없어야 하는 저녁 9시 점호 때는 피곤해도 주변을 정돈하고 청소해야 한다. 식사 때마다 식사 구호 "먹기 위하여 먹지 말고 일하기 위하여 먹자." "일하기 싫거든 먹지도 말자." "한 끼 먹기 위하여 네 시간 일하고 먹자." "감사히 먹겠습니다."를 외친 후에야 먹을 수 있다. 음식이 맞지 않을까 염려되어 준비했던 고추장이 무색할 정도로 맛있는 음식들이었다. 과일화채, 나시고렝(볶음밥), 파인애플 잼 등 특히 방목하여 기르는 닭이어서 그런지 달걀과 닭고기 요리는 일품이었다. 끼니마다 "에낙 스깔리(너무 맛있다)"를 연방 외쳤다. 학교에서 간식으로 제공하는 바나나 잎으로 싸서 찐 찰떡 빠빠이스, 고구마 같은 씽콩(Singkong)도 별미였다. 행운을 상징하여 우리가 찾고자 하는 네잎클로버가 그곳에는 널려있어 오히려 세잎클로버를 찾기 힘들었다. 아시아의 블루오션이라 불리는 인도네시아, 그곳에 행운은 곳곳에 자리하고 있는 것일까?

이슬람이 88%를 차지한다는 그들의 신앙은 절대적이었다. 피곤한 가운데 그들의 기도 소리에 아침잠을 깬다. 해가 뜨기 전 4시에 시작해서 밤 11시까지 하루에 다섯 번이나 한 시간씩 기도 시간을 갖는다고 한다. 가는 곳마다 도시는 도시대로, 시골은 시골대로 심지어 주유소에 있는 공동 화장실 입구에까지 그들의 기도처는 가장 좋고 크게 자리하고 있었다. 마지막 날에는 보기에는 느리지만 여유롭고, 엉성한 것 같지만 첫인사와 마감 축하 행위, 봉사증 수여, 등 놀라운 예의와 형식을 갖춘 마음이 전달되는 그들의 삶 속에서 급하고 바쁘게 사는 우리의 삶을 돌아보게 되었다. 언어 소통의 어려움을 덜기 위해 반둥에서 온 우리와 함께한 두 명의 여대생 단기 선교사와 나중에 합류한 자카르타에서 온 두 명의 한국인 남고생이 톡톡히 한몫해 주었다. 짧은 기간이지만 연세의 이름으로 가서 나그락 초등학교에 작은 교실이 지어졌다. 우리들이 흘린 땀과 사랑이 그 지역의 순다족 사람들, 우리 모두의 가슴속에 아름다운 불꽃으로 영원히 남아 있기를 바란다. 봉사활동은 주는 것보다 얻는 것이 더 많다는 것을 알게 되어 더욱 감사하다! 뜨리마 까시(Terima Kasih)!

탯줄

　시집간 딸이 첫아이를 낳았다는 소식을 듣고 오랜만에 여성전문병원에 갈 일이 생겼다. 할머니가 되어 유리를 사이에 두고 첫 대면을 하는 손녀에게 "아가야 나 외할머니야, 나의 손녀딸로 와주어서 고맙다."라고 첫인사를 건넸다. 아기는 알아듣기라도 한 듯 입술을 오물거렸다. 산고의 고통을 겪었을 딸과 외손녀를 보니 감격이 밀려와 가슴이 뭉클해지며 뜨거운 눈물이 솟았다. 한편으로는 여자로서 앞으로 살아가야 할 삶을 생각하니 애처로운 마음이 들기도 했다.

　퇴원을 한 후 시어머니가 예약해 놓은 산후조리원으로 모녀가 갔다. 궁금하여 가 보니 밀폐된 좁은 방에서 몸조리하는 것도 답답할 것 같고, 입이 짧은 딸아이의 식성에 맞는 미역국을 끓여 먹이는 게 좋을 것 같았다. 산모가 잘 먹어야 젖이 잘 돌고 아가도 건강하게 자랄 수 있기 때문이다. 모유 수유를 최소한 첫돌까지 해야 한다는 나의 신념 때문이기도 하다. 아가방에, 강보에

싸여 유리 덮개 안에 죽 누워 있는 아가의 모습과 간호사가 아기를 안고 서서 우유병을 입에 물리는 것을 보니 집으로 데려가야겠다는 생각이 들었다.

  시어머니가 정해 주신 것이라 일단 사부인께 전화했다. 산모가 잠을 푹 자야 하는데 이곳에서는 잠이 오지 않아 조용한 집으로 가는 것이 좋을 것 같다며 허락해 주시면 퇴원하여 집에서 산모 도우미 제도를 이용하겠다고 했다. 사부인이 산모가 원하는 대로 해 주라고 하여 산모와 아기를 데리고 집으로 갔다.

  두 아이를 기른 나이지만 오래전 일이어서 신생아를 목욕시키려니 엄두가 나질 않았다. 어디를 어떻게 잡아야 할지 너무나 작은 아가를 다루는 것이 쉽지 않았다. 다행히 경험이 많은 분이 한 달간 산후조리를 맡아 신생아 목욕시키는 방법도 알려 주고 미역국도 맛있게 끓여 주었다. 기저귀도 천 기저귀를 쓰도록 미리 준비해 둔 것을 주었다. 일주일이 지나가 배꼽 주위가 조금씩 말라 가면서 열흘이 지나니 깨끗하게 떨어졌다. 엄마의 뱃속에서 영양을 공급받던 탯줄이 완전히 분리되어 독립된 생명체가 된 것이다.

  생각해 보면 탯줄은 단순한 줄기가 아니다. 그것은 세상과의 첫 번째 연결이다. 아기가 태어났을 때, 존재의 한계를 넘어서는 연결고리로 남는다. 비록 세상과의 첫 만남이 이루어졌지만, 아기는 여전히 어머니의 품 안에 있다. 그것은 출발점이자 끝없는 연결의 상징이다. 의사가 태를 자르기 전까지, 아기는 모태에서 분리되지 않았다. 세상 밖으로 나와 자유로워진 듯하지만, 여전히 그 끈은 아기와 어머니를 이어 주었다. 그것은 고통의 징표이자 사랑의 상징이다. 어머니의 심장 소리를 들으며 자라난 그 작은 생명은, 이제 자신의 발을 디딜 수 있는 세상으로 나가야 한다.

시간이 흐르고, 아이는 자라서 어른이 되었는데, 마음속에는 그 연결이 여전히 살아 있다. 몸은 분리되었지만, 모든 기억은 계속해서 흐르고 있다. 사랑과 보살핌, 보호받고 있던 그 따뜻한 시간을 언제든지 되돌아볼 수 있을 것이다.

아기가 자라나 스스로 세상의 일부가 되기까지, 그 연결은 서서히, 그러나 강하게 여전히 이어지고 있다. 성인이 되어 가정을 이루고 자기들만의 방식으로 잘 살아가고 있는데 지금도 잘려 나간 탯줄을 놓지 못하고 있는 나의 모습을 볼 때가 있다.

우리 것이 좋은 것이여

하지가 지났다. 이때쯤이면 햇감자를 캐기 시작한다. 유난히 감자를 좋아하시던 외할머니의 감자볶음과 찐 감자, 감자부침개에서는 고소한 들기름 냄새가 코끝에 스몄다. 한여름이면 감자수제비, 감자밥에 된장찌개, 손수 담근 열무김치 한 사발. 그땐 그 평범한 밥상이 최고의 밥상이었다.

외할머니는 일백하고도 열한 살에 하늘나라로 가셨다. 할머니가 백열 살이 되던 해 "할머니 백열 살 되셨어요."라고 하니 "길고 복잡하니 앞에 백은 생략하고 끝자리만 세자."라고 하셔서 우리는 함께 웃으며 그 후로 열 살 그다음 해에는 열한 살로 부르기로 했다. 알면서 그런 건 아닌데 할머니의 장수 비결은 식생활에 있는 것 같다. 평소 소식을 하시고 육식은 삶은 편육을 좋아하셨다. 여름철 간식은 감자, 겨울철 간식은 고구마였다. 생선은 임연수, 갈치, 굴비를 즐겨 드셨다. 들기름 발라 구운 김은 사계절 필수품이었고 아침에 일어나서 꿀 한 숟가락을 꼭 드셨다. 속이 불편할 때는 콩죽을 드셨다.

어른이 되어서야 알았다. 외국 음식점이 즐비한 요즘과 달리 그 맛이, 그 향이 바로 '우리 것'이었음을. '우리 것이 좋은 것이여.' 어딘가 촌스럽게 들릴 수도 있는 이 말 한마디에는, 사실 깊은 자부심과 애정이 담겨 있다. 흔히 외국 문화를 멋있다고 여기고, 서구적인 것이 세련되었다고 생각하는 요즘. 그러나 그 속에서 묵묵히 자리를 지키는 우리의 것들은, 어쩌면 더 큰 가치를 지니고 있다. 한글의 우수성, 한복의 아름다운 곡선, 우리 소리의 멋과 흥. 모두가 우리 땅에서 피어나 세월을 견디며 살아남은 문화다. 아무리 세상이 바뀌어도, 그 안에 깃든 정신과 정서는 쉽게 사라지지 않는다. 오히려 시간이 지날수록 그 진가를 발휘한다. K-드라마, K-팝, K-푸드가 세계인의 사랑을 받는 오늘날, '우리 것'이 결코 뒤처진 것이 아님을 증명하고 있다.

그럼에도 우리는 가끔 우리 것을 당연하게 여기고, 때론 무시하기도 한다. 하지만 생각해 보면 우리 것만이 줄 수 있는 따뜻함과 정서가 있다. 누군가에겐 낯선 한식이 누군가에겐 예술로 보이는 한글이 바로 우리의 일상이라는 사실이 얼마나 소중한가.

'우리 것'을 다시 돌아본다. 그것은 단순한 전통이 아니라, 우리 정체성과 정신의 뿌리다. 남이 알아주기 전에 우리가 알아야 한다. 외국의 것을 배우되, 우리 것을 잃지 않아야 한다. 그리고 말하고 싶다. 조금 촌스러워도, 한마디 툭 던지듯 "우리 것이 좋은 것이여." 그 안에 우리의 품격이 있고 우리의 미래가 있다는 것을.

아빠 귀가시키기 작전

 간밤에 눈이 많이 내렸다. 남편은 평소보다 아침 일찍 운동하러 나갔는데, 얼마 지나지 않아 되돌아왔다. 미끄러지며 넘어져 손목을 삐었다고 통증을 호소했다.
 출근 준비로 분주했지만, 아침도 거른 채 그를 데리고 한방병원에 갔다. 침 치료를 받고 집에 내려 주며, "오늘은 푹 쉬어야 해요."라고 말했는데 밤이 되자 중요한 약속이 있다며 외출해야 한다는 것이었다. 손목이 아픈 사람, 미끄러운 밤길에 운전까지 해가며 굳이 외출할 만큼의 약속이었을까? 마음 깊은 곳에서 뭔가 이상하다는 예감을 지울 수 없었다. 그래서, 나는 몰래 따라나섰다. 조심스럽게 숨어서 그를 지켜보는데, 한 젊은 여자가 남편의 차에 올라타는 모습을 보게 되었다. 아마도 눈 내린 밤 낭만적으로 데이트를 즐기려는 모양이었다. 손끝이 얼어붙을 만큼 추웠지만, 진짜 얼어붙은 것은 내 마음이었다.
 순간, 내 차를 그 앞에 들이대고 길을 막아 볼까, 신호등에 대기 중으로 서 있을 때 그냥 뛰어가서 문을 확 열고 뒷좌석에 올라타 볼까, 도대체 이 미끄럽고 추운 겨울밤에 아픈 손목으로 운전하며 어딜 가나? 머릿속이 갑자기 거미줄 친 천장처럼 복잡해졌다. 이 방법 저 방법을 생각해 봐도 그건 문제를 더 크게 키우는 방법인 것 같았다.

남편의 자동차가 눈앞에서 멀어지자 눈 쌓인 길바닥에 털썩 주저앉아 엉엉 울었다.

약이 오르고, 미끄러운 길에 운동신경 둔한 사람 사고나 나면 어쩌나 하는 걱정과 분노가 뒤엉켜 밀려왔다. 이럴 때가 아니고 정신을 차려야지, 호랑이 굴에서도 정신을 차려야 산다고 했거늘, 얼른 핸드폰을 열어 시집간 딸에게 전화했다. "딸아! 오늘 아침 아빠가 앞산에 갔다가 미끄러져 손목을 삐어서 침 맞고 치료했는데, 병문안 전화 좀 해 보거라." "알았어요, 엄마. 아빠 많이 다쳤어요?" "직접 물어보거라." 그다음엔 서울에 있는 아들에게 같은 내용으로 전화했다. 아픈 손목으로 운전하며 얼마 못 갔을 남편의 눈길 데이트는 아들딸의 연이은 안부 전화로 산통이 깨져 집으로 돌아왔다. 마음에 찔려 운전이 어려웠는지 아빠의 귀가 작전은 아들딸의 덕분에 성공했다.

그날 이후, 내 안에서 그날의 충격은 단지 '외출' 때문이 아니었다. 내가 믿고, 돌보고, 아껴 주었던 사람의 거짓말, 그 거짓말의 목적이 결국 다른 사람과의 관계였다는 걸 눈으로 본 것이었다. 내가 했던 모든 배려와 걱정은, 잠시 짐을 덜어 주는 '틈'이었을 뿐이었나? 눈이 내리던 날, 나의 믿음도 함께 무너져 내렸다.

나는 이제 질문을 바꿔야 한다. '그가 왜 그랬을까?'가 아니라, '내 마음을 어떻게 지켜야 할까?'로. 믿음을 저버린 사람의 행동에 내 삶 전체를 흔들리게 두지 않겠다. 마음은 아프지만, 이제는 나 자신을 위한 선택을 시작해야 할 때다. 눈이 다 녹고 나면, 내 안의 용기도 다시 피어나길 바란다.

2부

끝없는 현재

봄 앓이

 봄을 시샘하는 바람이 분다. 봄을 시샘하는 바람의 심술이 시작될 때 이제 나의 봄 앓이는 시작될 것이다.

　나의 살던 고향은 꽃피는 산골
　복숭아꽃 살구꽃 아기 진달래

 아버지가 즐겨 부르시던 노래「고향의 봄」이다. 아버지의 마음 속 고향은 늘 봄이다.
 함경북도 길주군 명천읍 홍수리에 과수원과 양돈 양계 양어장의 주인인 할아버지는 막내아들인 아버지를 백마에 태우고 농장을 돌아보았다고 한다. 아버지는 내가 어릴 때부터 통일이 되면 찾아가야 한다며 아버지 옛집 주소를 외우게 했다.
 내가 열 살 때 서울에 사시던 친척 아저씨 집에 간 적이 있다. "너희 아버지 고향 집의 사당은 웬만한 박물관 못지않다. 긍지를 가지고 살아라."라고 하는 것으로 보아 할아버지의 집은 크고 좋은가 보다 생각했다.

　일본 동경대학 법학부에 유학 중이었던 아버지는 6.25 전쟁으로 고향에 가지 못하고 혈혈단신으로 남쪽에서 교사가 되었다. 아버지의 기억으로 할아버지가 허리 굽혀 정중하게 인사를 하는 사람은 경찰서장과 학교 선생님이었다고 한다. 아버지는 언젠가 고향으로 가는 날, 법관이 아니라도 할아버지께서 실망하시지는 않을 것으로 생각해서 선택한 직업이라고 했다.

　아버지는 서울에서 교직 생활 하던 중 건강이 좋지 않아 횡성으로 근무지를 옮겼고 같은 학교에 근무하던 엄마를 만나 결혼했다. 내가 태어나던 날 늑막염으로 며칠째 일어나지 못했던 아버지는 엄마의 진통이 시작되자 벌떡 일어나 산파를 부르러 뛰다시피 걸었다고 한다. 신기하게도 그날 이후 일상을 회복했다며 태어난 나를 복덩이라 불렀다. 그래서인지 나에 대한 아버지의 사랑은 각별했다. 기관지가 약한 나는 어릴 적에 해마다 겨울이면 기침을 달고 살았다. 시골의 겨울은 해가 더 짧은 것같이 느껴진다.

　겨울밤 가로등도 없는 어두운 논두렁길을 아버지는 나를 업고 집을 나섰다. 하늘에 총총히 떠 있는 별을 보고 북두칠성과 은하

수와 견우직녀의 얘기를 들려주었다. 이야기가 끝날 즈음 초가집에 도착하면 반갑게 맞이해 주는 사람들이 있었다. 희미한 호롱불 아래 멍석 깐 방바닥 화로 위 석쇠에 붉은색의 작은 고기가 구워져 있었다. 그걸 먹으면 기침이 멈출 것이라고 했다. 쫄깃하고 고소한 그것이 참새고기인 것을 나중에 알았다. 오 리나 되는 돌아오는 길에는 아버지의 등에서 늘 잠이 들었고 눈뜨면 집이었다. 어른이 되어서도 세상살이가 힘들거나 외로울 때면 그때의 따뜻했던 아버지의 등이 그리워진다.

　결혼하기 전 나는 세상 남자들이 우리 아버지 같은 줄 알았다. 늘 웃음 띤 얼굴에 다정한 말씀으로 타이르셨고 영화관에 가거나 여행을 갈 때는 손을 꼭 잡고 데리고 다니셨다. 엄마에게는 혼날까 봐 무서워서 말하지 못했던 일들도 아버지께는 털어놓을 수 있었다.

　50년 전 결혼식 날 나의 손을 잡고 신부 입장을 마친 후 아버지는 내내 손수건으로 눈물을 훔치셨다는 얘기를 지금도 친구들이 말한다. "다른 집들은 엄마가 우시는데 너희 아버지께서 엄청나게 우시더라." 하며 아버지 안부를 묻곤 한다.

　시집가면 그 집 귀신이 되어야 한다던 그 시대에 아버지는 "살다가 힘들면 와도 된다."라고 낮은 목소리로 말씀하셨다. 그것이

쉬러 오라는 것인지 결혼 생활을 정리해도 된다는 의미인지 알 수 없었지만 난 힘들 때면 친정으로 갔다. 그러나 오래 머물지 못하고 반찬거리만 잔뜩 싸 들고 집으로 돌아왔다.

정년퇴직하신 뒤에 아버지는 가끔 나에게 바다가 보고 싶으니, 시간이 되면 바람 쐬러 가자고 하셨다. 바닷가에서 말없이 수평선을 한동안 바라보시는 아버지를 보았다. 그땐 그저 함께 바닷가 횟집에 가서 맛있는 음식 사 드리고 바다를 같이 보고 오면 효도인 줄 알았다. 외로움과 향수가 배어 있는 그 마음을 그때는 잘 알지 못하고 나이 들어 늙어 가는 지금에야 헤아릴 수 있어 가슴이 저며 온다.

2003년 남북이 육로로 금강산 관광이 허용되어 YWCA 전국 회장단이 금강산을 다녀올 기회가 있었다. 점심으로 옥류관에서 냉면을 먹고 노천 온천을 하는 하루 코스의 일정이었다. 하루 전 고성에 가서 자고 새벽에 버스를 타고 휴전선을 넘어 금강산에 도착했다. 말로만 듣고 그림으로만 보던 금강산은 과연 절경이었다. 주의 사항이 많았지만, 설레는 마음으로 북한 땅을 밟으며 노천 온천도 하고 북한 사람들도 가까이 대할 수 있었다. 온천탕에 근무하는 북한 여성의 앞에 당당하게 펼쳐져 있는 영어회화 책을 보고 의아해서 영어를 공부해도 되는지 물었더니 "달러를

벌어야 합니다."라고 대답했다. 당시 북한의 어려운 경제 사정을 짐작할 수 있었다.

아버지는 금강산에 다녀온 딸이 마치 고향에라도 다녀온 것처럼 기뻐하셨는데 막상 금강산에 보내 드리려고 하니 고향 땅에 가지 못할 거면 더 가슴만 아플 거라면서 거절하셨다.

남북 이산가족 상봉이 있던 때 아버지도 신청해 드렸다. 만날 수는 있을까, 무엇을 준비할까? 하는 기대감으로 소식을 기다렸다. 그런데 형님은 이미 돌아가시고 조카는 대지주의 후손이라는 이유로 탄광에서 노동일을 하는데 남쪽 삼촌이 공무원이면 오히려 힘들게 될 것이라며 거부했다고 한다. 이산가족 상봉이 방송으로 중계될 때 몇 날 며칠을 울며 온 가족이 지켜보았다.

아버지는 "내 생전에는 통일이 되기 어려울 것 같아 고향에 가지 못하니 양복 한 벌과 구두 한 켤레라도 고향에 가면 좋겠다."라고 하셨다.

고향으로 가는 길이 휴전으로 가로막혀 살아서는 가지 못해 혼이라도 가고파서 그랬을까 "엄마를 부탁한다." 맏딸인 나에게 마지막 인사를 남기고 봄꽃들이 만개한 4월 화창한 봄날에 아버지는 86년간의 고단한 삶을 마치셨다. 맏딸과 막내딸이 지켜보는 가운데 먼 길을 떠나셨다. 임종하는 자식은 따로 있다더니 막

내 여동생과 내가 마지막 떠나시는 자리에 함께했다. 감지 못한 아버지의 두 눈을 내 손으로 자꾸만 쓸어내렸다.

　지금도 아버지가 쓰시던 방에 간직해 놓은 양복 한 벌과 구두 한 켤레가 있다. 그것을 볼 때마다 아버지가 그리워하던 고향에 가지고 갈 날은 언제쯤 오려나 기다리기를 18년이 지나갔다. 또다시 나에게는 서글픈 봄이 오고, 과수원에 꽃들의 잔치가 화려해도 아버지가 그토록 그리던 고향에 갈 수 없어 눈물 젖은 그리움의 조각들을 봄바람에 실어 보낸다.

향기 나는 정치를 해 주세요

2014년 지방선거에서 지역구 재선 시의원으로 당선되었다. 선거운동 시작이 며칠 되지도 않았는데 위 송곳니 옆 어금니가 아프면서 잇몸이 붓더니 조금씩 흔들렸다. 새벽부터 밤중까지 빈틈없이 짜인 일정과 한 사람이라도 더 만나야 하는 선거운동 기간이어서 치과에 갈 생각은 엄두도 내지 못하고 진통제로 달랬다. 선거일에는 밤을 새워 개표 상황을 지켜보느라 밤잠을 설쳤다.

거리에 당선 인사 현수막을 게시하고 아침 여섯 시부터 시작하여 아홉 시까지 거리에서 당선 감사 인사를 드렸다. 선거 전에는 거리 인사를 매일 하지만, 선거가 끝나고 거리에서 감사 인사를 하는 것은 흔치 않은 일이었다. 네거리마다 감사 현수막을 낮은 위치에 걸었다. 그것은 낮은 자세로 섬기겠다는 의지의 표현이다. '처음처럼 늘 겸손하게 함께하겠습니다.'라는 문구의 현수막에 올려다보는 표정의 사진을 넣어 주민을 존중한다는 의미를 담았다.

당선증을 받아 들고서야 마음을 놓고 치과에 갔다. 흔들리는 이는 살릴 수 없다는 의사의 판단에 어금니를 뽑았다. 마취로 둔한 입술을 다물고 뽑은 어금니를 보니 왠지 서러움이 밀려왔다. 내 몸의 일부가 나를 떠났다는 생각에 슬펐고, 웃을 때 보이는 빈자리는 무언가 허전한 느낌이 들었다.

　평소에 다니던 치과 원장님은 젊고 밝은 성격의 여성이었는데 당선을 축하하며 여성의원이라서 디테일한 당선 인사 현수막을 걸었다고 하면서 "향기 나는 정치를 해 주세요."라는 말과 함께 향수를 선물해 주셨다.

　향수를 선물로 받아 들고 치과를 나서는데 눈에 들어오는 글귀가 있었다. "행복해지기는 간단하다. 다만 간단해지기가 어려울 뿐." 에카르트 폴 히르슈하우젠의 『행복은 혼자 오지 않는다』의 한 구절이었다. 그래, 너무 복잡하게 생각하지 말자, 단순하게 살아야지, 내려놓는 연습을 해야지 생각하니 마음이 조금은 편해지는 것 같았다.

　요즘 TV 뉴스를 보면 가슴이 답답해진다. 누군가를 비난하고, 책임을 미루고, 정쟁으로 하루가 끝난다. 국민은 뒷전이고, 감정은 앞선다. 그럴 때마다 나는 마음속으로 이렇게 외친다. "부디, 향기 나는 정치 좀 해 주세요."

향기는 눈에 보이지는 않지만 확실하게 느껴지는 것이다. 좋은 향기는 사람의 기분을 맑게 하고 공간을 따뜻하게 만든다. 정치는 국민의 삶에 스며드는 것이다. 그렇다면 정치는 향기를 닮아야 하지 않을까? 그 자체로 사람들의 마음을 편안하게 하고 삶을 조금 더 나아지게 만드는 그런 존재 말이다.

나는 정치가 더 이상 칼이 아니라 꽃이 되었으면 좋겠다. 서로를 찌르지 않고 함께 피어나기를 바란다. 꽃은 경쟁하면서도 조화를 이룬다. 장미도 피고, 백합도 피고, 들꽃도 피어 각자의 향기로 계절을 만든다. 정치도 마찬가지다. 생각은 다를 수 있다. 하지만 그 차이를 인정하고 공존의 아름다움을 만들어 가는 것이 바로 '향기 나는 정치' 아닐까. 정치는 결국 사람의 일이다. 사람을 향하고, 사람을 위하고, 사람을 살리는 일이 정치였으면 좋겠다. 부디 싸움보다 상생을, 분열보다 연대를, 냉소보다 희망을 선택하는 향기 나는 정치가 되기를 소망해 본다.

국민은 정치인의 말보다 삶에서 정치의 향기를 먼저 느낀다. 복지의 따뜻한 손길에서 아이들의 웃음 속에서 퇴근길 지하철의 안락함에서 말이다. 이제는 말보다 행동으로, 약속보다 실천으로 향기를 전해 주길 바란다.

심리적 냉각기

2018년 6월 13일 세 번째 도전이었던 선거가 끝난 그날 밤, 아무 말도 하지 못했다. 개표 결과가 확정되었다. '낙선'이라는 두 글자가 이름 뒤에 따라붙는 순간, 마치 모든 것이 무너지는 듯한 느낌이었다. 사람들은 위로의 말을 건넸다. "다음이 있어요." "사 년 금방 지나갑니다." "정치란 그런 거죠." "고생 많으셨습니다." 그 말들이 위로되기보다는, 더 깊은 외로움 속으로 밀어 넣는 듯했다. 무엇보다 힘들었던 건, 자신을 향한 실망이었다. 수년간 품어 왔던 열정과 꿈이 하루아침에 무력하게 무너져 내리는 것을 지켜보는 일. 그것은 상실이자 자존의 붕괴였다. 스스로에게 물었다. '나는 왜 이 길을 택했을까?'

처음 정치를 시작할 때의 다짐은 어느새 현실의 계산 앞에 희미해졌고, 사람들과 관계가 한 표를 사이에 두고 계산적인 줄다리기로 변질돼 있었다. 낙선은 단순한 실패가 아니라, 자신이 무언가를 잃어버렸다는 깊은 자각이었다.

그 후로 심리적 냉각기라는 긴 겨울로 들어갔다. 냉각기의 시간은 그렇게 찾아왔다. 아침에 눈을 뜨는 것이 버거웠고, 사람을 만나는 것이 두려웠으며, 목소리를 내는 것이 부끄러웠다. 모든 감정이 얼어붙은 듯했다. 아무것도 느껴지지 않는 공허 속에서 그냥 존재하고 있을 뿐이었다. 하지만 시간이 흐르며 이 냉각기가 반드시 나쁜 것만은 아니라는 것을 깨달았다.

이 고요 속에서 비로소 생각할 수 있었다. 선거는 졌지만, 정말로 잃은 것은 무엇이었을까. 사람들의 지지였을까, 아니면 나 자신의 확신이었을까? 돌이켜 보니, 그 과정에서 많은 것을 보지 못했다. 진심보다 전략을 앞세웠고, 사람보다 표를 더 의식했다. 냉각기의 시간은 그것을 뼈아프게 보여 주었다. 그래서 이 시간을 받아들이기로 했다.

사람의 마음에도 계절이 있다면, 그때는 겨울이다. 겉으로는 평온해 보여도, 속은 얼어붙은 강처럼 차갑고 고요하다. 모든 것이 멈춘 듯하고, 따뜻했던 감정은 저 멀리 사라져 버린 것 같다. 그때, '심리적 냉각기'를 지나고 있었다.

이 겨울이 지나면, 다시 시작할 것이다. 정치를 다시 하지 않더라도, 다시 나다운 길을 걷기 위해. 언젠가 누군가에게 "낙선 이후 그 침묵 속에서 진짜 저를 만났습니다."라고 말할 수 있다면, 그 또한 실패만은 아닐 것이다.

그 시기는 누구에게나 찾아오는 것 같다. 어떤 날은 무기력함이 이불처럼 나를 덮어 버리고, 어떤 순간엔 아무 이유 없이 세상이 낯설게 느껴진다. 가까웠던 사람들과의 거리마저 어색하게 느껴지며, 마음 온도가 조금씩 낮아진다. 뜨겁게 불타던 열정도, 소소한 일상에 느끼던 기쁨도, 이유 없이 식어 버린다. 어쩌면 그것은 너무 달려온 마음이 잠시 쉬어 가는 시간인지도 모른다.

 심리적 냉각기를 겪으며 나 자신과 마주하는 법을 배웠다. 감정을 억지로 데우려 하지 않고, 그대로 두는 용기. 무기력함조차 하나의 감정임을 인정하는 여유. 그리고 이 시기를 견디는 것만으로도 충분하다는 위로. 차가운 공기 속에서 더 또렷해지는 것들이 있듯, 내 마음의 겨울은 나에게 중요한 질문들을 던져 주었다. '지금 나는 진짜 어떤 삶을 살고 싶은가?' 그 질문에 명확한 답을 찾지는 못했지만, 멈춤 속에서 더 깊이 들여다보게 되었다. 마음이 얼어붙는 시간은 끝을 향해 가고 있다.

 봄이 언젠가는 반드시 찾아온다는 걸 안다. 그때 나는 더 단단하고, 더 따뜻한 사람이 되어 있을 것이다. 그래서 두렵지 않다. 심리적 냉각기조차 나라는 사람을 만들어 가는 소중한 과정임을 알게 되었으니까. 그것은 마음의 숨 고르기이며, 열정을 되살리는 깊은 침묵이다. 그때의 나는 얼어붙은 채 서 있었지만, 내면 깊은 곳에서는 다시금 봄이 오고 무언가가 움트고 있음을 느꼈다.

회복 탄력성

　천변을 걷기 위해 집을 나섰다. 다른 날은 남쪽으로 발길이 갔지만, 오늘은 물길 따라 내려가고 싶어서 북쪽으로 방향을 잡았다.
　걷다 보니 바람을 마주하면서 걸음을 옮겨야 했다. 눈을 제대로 뜰 수가 없었다. 세찬 바람이 온몸으로 파고들어 걸음걸이가 휘청거렸다. 이제까지 지나온 삶의 무게처럼 내가 가고자 하는 길을 막고 방해하는 것들과 마주했을 때의 심정과 닮은 듯했다. 고개를 숙이고 몸을 움츠리고 걸어야 했다. 그 와중에도 보이는 것이 있었다. 천변 가장자리를 차지하고 있는 갈대 무리와 핑크뮬리의 일렁임이 눈으로 들어왔다. 놀랍게도 그 흔들리는 겨울잎 아래엔 새로 태어난 새순들이 마른 잎에 기댄 듯 보호받고 있었다. 온갖 색채의 초록 물결이 파도처럼 일렁일 때면, 그 마른 잎들이 눈에 거슬렸는데 오늘의 모습은 그게 아니었다. 마치 부모가 자녀들을 품어 주고 도와주며 울타리가 되어 주는 것처럼 보였다. 마른풀들은 숭고한 희생을 멈추지 않고, 닭이 병아리를 날개 밑으로 모아들이듯 새싹의 안식처가 되어 주고 있었다. 그것들은 위에서 아래를 지키며 버티고 서 있다. 길섶 발아래를 보니, 어린 잔디의 싹 아래에선 마른 잔디 잎이 거름으로 여린 싹을 떠받치며 보호하고 있다. 마른 잔디의 희생을 생각하니, 방해자가 되고 싶지 않기에 잔디를 밟지 않으려고 노력했다. 어린 아기에게 젖을 물리고 기저귀를 갈며 안아 주는 엄마 품 같은 사랑이 보이는 잔디의 풍경이다. 갑자기 마음이 따뜻해져 왔다.

평소에 유유히 흘러가던 강물이 오늘은 바람결에 떠밀려 거꾸로 요동치며 흐른다. 짙은 푸른색을 띤 물이 제 갈 곳으로 흐르지 못하고 의지와는 상관없이 반대쪽으로 밀려나고 있었다. 모든 깨달음은 사라지는 것이 아닌 것 같다. 무의식의 세계에서 고요히 머물다가 삶의 중요한 시기에 필요한 언어로 변화되어 나온다.

그리고 우리에게 힘과 용기를 주고, 지혜를 주며 살아갈 생명수로 흐른다.

살면서 겪는 고난과 번뇌와 수고로움은 삶의 스승이다. 물론 피눈물 나는 아픔의 길이기에 상처와 좌절과 불공평함에 온몸을 휘둘리며 살아야 하지만, 어느 일정한 삶의 시점을 지나고부터는 그 체험들이 지혜로 뒤바뀌어 웬만한 어려움을 거뜬히 넘어서는 회복 탄력성으로 탈바꿈한다.

대추나무에 대추를 많이 열리게 하려면 염소를 매어 놓는다고 한다. 묶여 있는 염소는 특성상 잠시도 그냥 있지 않고 고삐를 당기며 나무를 흔들어 괴롭힌다. 그러면 대추나무가 잔뜩 긴장하면서 본능적으로 대추를 많이 열도록 하여 열매를 번식시키려는 필사적 노력을 하게 된다는 것이다.

식물들이 위기를 느끼면 씨앗 번식에 전력을 다하는 것은 생명에 위기를 느낀 소나무가 솔방울을 많이 만드는 예에서도 볼 수 있는 현상이다.

우리 몸도 그냥 편히 두면 급속히 쇠퇴하고 질병과 노화에 취약해진다.

노자는 이러한 논리를 귀생(貴生)과 섭생(攝生)으로 설명했다. 자신의 생을 너무 귀하게 여기면 오히려 생이 위태롭게 될 수 있고, 자신의 생을 적당히 불편하게 억누르면 생이 오히려 더 아름다워질 수 있다는 가르침이다. 몸을 적당히 고생시키는 '섭생'이 '건강'한 생을 산다는 것을 설파한 노자의 지혜가 오늘날에 더욱 돋보인다.

히포크라테스도 말하길 "기분이 우울하면 걸어라. 그래도 여전히 우울하면 다시 걸어라."라고 했다.

내려가는 길은 그렇게도 힘겹더니, 돌아오는 길은 같은 바람이 불어도 훨씬 쉬웠다. 이번에는 그 바람으로 인해서 발길이 가벼웠다. 등 뒤에서 밀어 주니 걷는 데 수월했다. 아직도 바람은 세차서 물이 거꾸로 밀리며 물비늘을 만든다. 놀란 아이처럼 새파란 낯으로 비명을 지른다. 하지만 난 알고 있다. 얼마의 시간이 지나면 다시 가던 길로 유유히 흘러서 바다까지 갈 수 있음을.

내 삶의 여울

 기억은 움직이는 것이 아니라 멈추어 있는 것이다. 어디를 가더라도 따라오는 그림자와 달리 생성된 그곳에 남겨진 흔적과 같다. 오래된 기억일수록 멈추어 버린 시간의 먼지를 뒤집어쓰고 변색하거나 탈바꿈하기도 한다. 돌이켜 보면 아름다웠던 시절도 고통스럽고 눈물겨운 괴로운 순간이 있고 바보 같은 선택도 있다. 아름다움은 특별하지 않고 주위에서 흔히 발견된다. 매일 다니던 길모퉁이에서 자주 보던 풍경도 새삼스럽게 마주치는 작은 감동이 아름다움이다. 시선을 주는 순간 사물은 의미가 된다. 의미가 담긴 모든 것은 먼 그곳에서 찾지 않아도 항상 가까운 곳에 있다.
 물이 낮은 곳으로 흐르고 산이 자신을 깎아 내어 들판을 만들고 바람은 자신을 비워 내다가 공중에서 사라진다. 시간은 절로 흘러 낮은 곳으로 스며들고 사람은 세월을 거슬러 더 높은 곳 바라본다.

고여 있는 물은 말이 없다. 삶도 흐르지 않고 정지되어 있으면 소리가 들리지 않는다. 순환하면서 끊임없이 흐를 때 소리가 난다. 물뿐만 아니라 사람에게도 흐르는 시간이 필요한 이유다. 흐른다는 그것은 숨을 쉬며 살아 내고 있다는 건강한 몸짓이기 때문이다. 어쩌면 삶이란 물처럼 날마다 낯선 곳으로 흘러가는 기나긴 소리인지 모른다. 가끔 여울을 만나서 힘차게 흘러가도 좋으리라. 여울은 혼자가 아니라 어딘가에서 흘러온 물이 여럿이 만나서 세차게 흐르는 곳이다. 여울의 풍경은 오감을 시원하게 뚫어 준다. 그런 소리를 들어 본 사람은 여울에 빠져든다. 내가 그랬다. 그들도 그랬다. 나와 그들에게 삶의 여울은 '글샘'인 듯하다. 매주 토요일 도서관에 함께 모여서 수필 공부하는 모임이다. 동네에 있는 시립도서관이 우리들의 여울이다. 나는 글을 쓰며 가슴 설레어 밤잠을 설쳤다. 세월 흘러도 변하지 않는 기분 좋은 설렘이다. 그들의 이야기는 살아 움직이는 소리다. 나는 살아 꿈틀대는 소리를 듣고 싶어 서둘러 도서관으로 향한다.

  책과 도서관은 내 인생에서 사람의 신체로 비유하자면 뼈 같은 존재이다. 가장 힘겹고 방황했던 사춘기를 거뜬히 건너갈 수 있게 해 주었고, 육아 우울증도 책 속에 빠져서 온 세상을 여행하고 다니니 어느 순간 안개가 걷히듯 사라졌다. 일에 지친 나에게 자판기 커피로 마른 목도 축이고, 문학과 친해지며 살 수 있는 여유도 도서관에서 얻었다. 고된 삶의 진하게 흘리는 눈물도 말없이 닦아 주고, 용기를 주고, 참게 해 주었다. 도서관은 한결같은 부드러움으로 불러 주었고 따뜻하게 안아 주었다. 힘든 내 인생의 중년에, 고뇌에 몸부림치는 내가 거뜬히 넘어설 수 있게 무지개를 걸어 놓고 버티고 서서 나를 당겼다. 47세 중년에 석사학위에 도전하여 성취한 것도 대학 도서관 덕분이었다.

  도서관 주변의 나무들은 하루가 다르게 짙게 물들어 가고 있다. 글샘 강의실에 하나둘 문을 열고 들어선다. 마음속으로 그들의 이름을 부르는 시간이 참 좋다. 나 혼자만 들을 수 있는 소리다. 반평생 이상을 살아온 사람들이 글샘에서 자기를 되돌아보며 살게 되는 시간이다. 언제나 그랬듯이 내가 할 이야기보다는 그들이 들려줄 소리에 마음이 모인다. 내 눈은 궁금함으로 밝아지고, 귀는 가장 크게 열린다. 사십여 년 근무해 온 직장 이야기, 어릴 적 추억, 어머니에 대한 그리움, 소소한 일상의 이야기, 어처구니없었던 기억 등 각자의 마음 깊이 묻어 두었던 기억을 풀어놓으며 자신이 써 온 글을 낭독한다. 피드백은 각자 잊고 있었던 젊은 날을 다시 기억하게 만들기도 하고 익숙한 것을 낯설게 바라보며 신선한 생각을 전해 준다. 문장의 어색함이나 맞춤법과 띄어쓰기를 지적하기도 한다. 배우고 실천하는 그것을 즐거워하는 난 그들이 들려주는 이야기에 빠져 시간 가는 줄 모른다.

그들의 소리는 살아온 삶이 녹아 있어 더 감동적이다. 누군가와 함께 그들의 삶에서 우러나온 곰국 같은 이야기를 들으며 공감하는 가운데 마음의 상처를 치유하게 된다. 글쓴이 또한 그러리라. 그들의 피드백을 듣는 시간은 작품을 읽는 것 이상으로 즐거운 일이다. 하나의 작품에 대해 이십여 명이 넘는 사람들이 생각을 나누는 것은 참 고맙고 소중한 일이다. 더 좋은 글이 되기 위한 과정이기 때문이다.

  사실 처음에 내가 쓴 글을 발표하고 피드백을 들을 때 썩 유쾌하지는 않았다. 부족한 것 같아 부끄럽기도 하고 용기를 내어 시도해 본 그것이 후회스럽기도 했다. 칠순의 나이에 젊은이들에게 지적당하는 것이 자존심 상하기도 했고 사회활동 경험이나 학력이 뒤질 것 없어 자신만만했던 난 불쾌하기도 했다. 마음을 열고 생각해 보면 글쓰기 선생님을 다시 만난 것처럼 다른 사람들의 글을 통해 공부가 시작되던 날이었다. 도서관을 인연으로 글샘은 소리로 세상을 듣게 해 준 고마운 선물이다. 글샘에서 다른 사람의 글과 피드백을 들으면 들을수록 나를 건강하게 가꾸는 믿음직한 소리다. 여울처럼 건강한 소리가 난다. 함께 모여서 신나게 흐르는 소리는 힘들 때 견딜 수 있는 응원가가 된다. 유네스코 문학 창의 도시답게 글샘을 통하여 더 많은 시민 작가가 탄생하기를 소망한다.

오늘이 가장 젊은 날

인간은 꿈과 희망이 있을 때 설렘과 시작하는 용기가 생긴다. 미래를 대비한다는 뜻에서 어른들이 즐겨 쓰는 말이, "젊어서 고생은 사서라도 해라."이다. '과연 젊어서 고생이 늙어서 평안을 줄까? 고생은 되도록 안 하는 것이 좋지.' 하는 생각을 한다. 사람은 경험한 만큼의 수준을 벗어나기 어렵다.

황금 같은 젊은 시절을 심신의 피로만 누적시키는 고생이라면 '젊어서 고생이 늙어서 평안을 주지 못한다.'라는 것이 나의 생각이다. 이 생각은 열정적으로 성실하게 살아가야 한다는 내 신념과는 다른 문제이다. 젊어서 너무 고생하며 쪼들린 사람들의 특징은, 더 좋은 위치의 자리에 가도 특유의 심성이 자리 잡고 있어 마음의 여유가 부족하다는 것이다. 과거의 삶에 너무 지쳐 버렸기 때문에 여백으로 남겨 둘 공간이 없어서 그럴 것이다.

나 또한 마찬가지다. 내일을 담보로 현재의 자신에게 너무 가혹한 채찍질하거나, 완벽주의라는 추상에 얽매어 괜한 스트레스로 몸과 마음이 병들게 하며 다른 사람과 비교하며 이기려 해 봤지만, 지나고 돌이켜 보니 인간이 하는 일에 완벽이란 없다. 다만 완벽해 보려는 인간의 욕심이 있을 뿐이다. 당시에는 완벽해지려고 생각했던 일들이 지나고 보면 허점투성이의 일이 허다하지 않은가? 1960년대 이후 산아제한 정책으로 "덮어 놓고 낳다 보면 거지꼴을 못 면한다." "아들딸 구별 말고 하나 낳아 잘 기르자."라고 한 것은 오늘날 저출산 시대에 기막힌 웃음거리가 되지 않았는가? 인구절벽 시대를 왜 예기치 못했을까? 완벽해지려고 너무 애쓰면 '정신장애'가 올 수 있다고 심리학자들은 경고한다. 특히 '유능한 인재'라는 달콤한 유혹에 걸리면 일 욕심이 커지고 결국 체력과 정신력은 한계에 부딪혀 심리적으로는 과중한 스트레스가 쌓이게 된다. 아이러니하게도 '괜찮은 사람'이라거나 '유능한 인재'라는 말을 듣는 사람일수록 머지않아 자신에게 닥쳐올 위험한 일들을 잘 알아차리지 못한다.

　잠깐 멈추어 돌이켜 보니 앞만 보고 달려온 고단했던 나의 삶이 아쉽기도 하다. 그토록 원하던 내일의 보람에 이르기도 전에 오늘의 삶에 짓눌려 병을 얻거나 화를 입는다면 무슨 소용인가?

　그렇다. 오늘을 살아가는 삶의 순간들이 아름답고 행복해야 하고 즐거움은 아낄 그것이 아니라 지금 누려야 되는 것이다.

　현재를 축제의 장으로 만들어 즐기며 개인의 승리보다 공동의

승리를, 경쟁보다는 협조를 통해서 서로의 유익을 추구하는 여유 있는 삶을 생각해 보자. 오로지 이기는 것에 집착하면 상생의 여유 있는 인생은 포기해야 한다. 외형적 성공만이 좋은 인생길은 아닐 것이다. 옛말에 "만석꾼 만 가지 근심, 천석꾼 천 가지 근심"이라는 말이 있다.

어쩌면 가장 성공한 사람이 내면적으로 가장 불행한 사람이거나, 가장 부유한 사람의 마음은 가장 가난한 사람일 수도 있다.

현재의 생활에서 보람과 즐거움을 만끽하는 삶이 되면 그것이 행복이다.

즐기자! 오늘의 삶을, 오늘이 가장 젊은 날이기에.

발에 대한 예의

아침에 일어나 첫발을 내딛는 순간 "아얏!" 소리가 저절로 튀어나왔다. 왼쪽 발뒤꿈치가 디딜 수 없도록 아팠다. 마치 뾰족한 돌을 밟은 것 같다. 앉아 있거나 천천히 걸어가면 괜찮지만, 걸음마다 고통이 따라온다.

처음 통증을 느꼈을 때 잠깐 아프다가 사라지려니 생각했다. 그러나 시간이 지나면서 통증은 점점 더 강해졌고, 결국 병원에 갔다. 병원에서 받은 진단은 발꿈치에 염증이 생겨서 통증이 발생하는 질환이었다. 치료는 꾸준한 스트레칭과 적절한 휴식, 발에 무리가 가지 않도록 신경을 써야 한다는 의사의 권유에 마음이 무거웠다. 아침에 일어나면 발꿈치가 아파서 절룩거리는 걸음을 옮겨야 했고, 일하다 보면 다시 찾아오는 통증을 피할 수 없었다. 조금씩 조심스레, 천천히 걷는 방법을 익혔다. 발을 돌보는 그것이 단지 한 부위를 아끼는 일이 아니라, 몸 전체를 돌보는 일이란 걸 깨달았다. 발에 무리가 가면 몸 전체까지 균형을 잃고 다른 부분에까지 피로가 쌓인다. 그래서 발을 아끼는 일은 결국 삶의 질을 높이는 일이다. 통증을 느낄 때마다 잠시 생각한다. '이 아픔이 나에게 무엇을 말하려는 걸까?' 단순히 통증을 없애려는 것에만 집중하기보다는, 그 아픔을 일상에 깊이 새겨 보려 한다. 아픔을 느끼면서도 조금씩 더 나아갈 방법을 찾고, 그 길을 걸어가는 것이 이 상황에서 배운 것이다. 발이 땅을 디디며 걷는 순간순간이 얼마나 귀한지 잊고 살 때가 많다.

 몇 년 전만 해도 이렇게 발을 아끼게 될 줄은 몰랐다. 종일 걷고, 뛰고, 서 있던 내가 발을 다르게 대하는 날이 올 것이라고 상상도 못 했다. 족저근막염이란 진단을 받고 나서 발의 소중함을 새삼 느끼게 되었다. 발은 단순히 걷기 위한 도구 이상이었다. 삶을 지탱하게 해 주는 기둥이었고 기둥에 금이 가면 모든 것이 흔들린다.

 어린 시절, 달리고, 이리저리 뛰어다니며 발을 굴리던 시절 발은 나의 자유를 상징했다. 작은 발끝에서 시작된 에너지는 온몸으로 퍼져 나가며 세상과 연결된다. 그때는 무심히 다루는 부위였지만, 지금 돌이켜보면 발끝에서 온 힘이 나를 버티게 해 주고 있었다.

 시간이 지나면서 발은 점점 더 중요해졌다. 매일 지친 몸을 이끌고 사는 일상이 반복될 때마다, 발은 묵묵히 책임을 다했다.

어느 날, 발에 무리가 갔다. 장시간 서 있어야 하는 직장에서 발이 아프고 피곤했다. 발바닥이 눌리고 발목이 부어올랐다. 처음엔 작은 불편함이었지만, 점차 불편은 커졌다. 발은 몸의 기둥처럼 나를 지탱하지만, 기둥이 아프기 시작하자 내 몸의 중요함을 비로소 실감했다. 그 속에는 우리가 살아가고 있다는 증거가 담겨 있다. 발바닥에 닿는 땅바닥을 느끼며 우리는 현실을 직시하고 살아간다. 발이 고통받을 때, 나 자신을 돌아본다. 나를 지탱해 주는 발을 소중히 여겨야 한다는 것을, 그동안 잊고 지낸 내 생각을 다시 깨닫게 된다.

어느덧 발꿈치의 통증은 예전처럼 날카롭지 않다. 조금씩 회복되고 있고 더 이상 아픔을 두려워하지 않는다. 많이 걸은 날은 따뜻한 물에 족욕을 하고 잠자리에 들기 전에는 노폐물을 흡수한다는 목초액 패치를 발바닥에 붙이고 잔다. 굽이 높고 발볼이 좁은 예쁜 구두들이 신발장에서 사라지고 편안한 신발이 그 자리를 차지했다. 하루하루를 살아가는 데 있어 발이 얼마나 중요한지 깨닫고 발에 조금 더 애정을 쏟고 있다. 발끝에서부터 시작된 내 삶의 여정을 되새기며, 오늘도 발로 땅을 딛고 또 다른 길을 걷는다. 그동안 미안하고 고마웠다는 마음을 전하며.

틈새 라면

　봄기운이 완연한 사월이다. 아침부터 서둘러 도시락을 쌌다. 멀리 인제군 서화면에 있는 군부대에 환경 강의가 있는 날이다. 두 시간 정도를 운전하고 가야 하는 먼 곳이라서 드립커피를 내려 보온병에 담고 생수병도 챙겼다. 좋아하는 포도를 알만 따서 식초 물에 헹구어 후식으로 준비했다. 바삐 서두르다 보면 잊을 수 있어서 현관 앞에 준비한 도시락 가방을 내놓았다.

　노트북과 레이저 포인트를 챙기고 만약에 빔프로젝터가 나의 컴퓨터와 호환이 안 될 경우를 생각해서 usb도 노트북 가방에 넣었다. 군부대는 내비게이션에서 위치를 찾을 수 없어 담당 군수 과장의 연락처를 핸드폰에 저장하여야 한다. 출발 전 통화하여 서화보건진료소에서 만나기로 하고 핸드폰과 노트북 가방을 들고 시간에 늦지 않도록 출발했다.

　서화보건진료소에 도착할 즈음 전화를 하니 내 차를 그곳에서 세워 놓고 기다리라고 한다. 잠시 후 군용 지프가 와 앞서가고 따라가 부대 입구 초소에서 신분증을 맡기고 출입증을 받아 부대 안으로 들어갔다. 부대 안에 작은 교회가 있어 그곳에서 환경교육을 했다. 지난밤 야간 보초를 섰는지 꾸벅이며 졸고 있는 사병도 있다. 외부 강사가 와서 실시하는 교육 시간이 사병에게는 휴식할 기회이니 졸더라도 깨우지 말라는 아들의 당부가 생각났다.

 한 시간의 강의를 마치고 돌아오는 길에 따스한 봄볕 드리운 길가에 정자가 있었다. 소풍 온 기분으로 도시락을 먹으려는데 바쁜 아침 시간에 이것저것 챙겨 준비한 도시락 가방이 보이지 않았다. 현관 입구에 챙겨 놓은 도시락 가방을 안 가지고 나온 모양이다. 모처럼 봄을 즐기려던 계획조차 내 뜻대로 되지 않는 인생을 한탄하려니 갑자기 더 배가 고파졌다. 근처에는 식당도 없어 동네가 있는 곳이 빨리 나타나기를 바라며 다시 운전대를 잡았다. 다행히 농협 간판이 보이고 그곳에 크지는 않았지만 하나로마트가 있었다. 그곳에서 만난 컵라면은 반갑기 그지없었다. 끓는 물은 아니지만 온수통에서 따듯한 물을 부었다. 컵라면이 익는 3분을 기다리는 것이 길게 느껴졌다. 기다리는 동안 구운 달걀 두 알의 껍데기를 벗겨 놓았다. 자동차 안에서 먹는 컵라면의 맛은 시장이 반찬이라더니 진수성찬 부럽지 않았다. 그날 이후로 컵라면을 종류별로 사놓고 몇 개는 자동차 트렁크에 넣고 다닌다. 커피포트도 물론 함께다. 나의 비상식량이며 출출

할 때 먹는 틈새 라면이다. 어떤 날은 바쁘고 피곤한 일상이 나를 꽉 쥐고 있어 밥을 차릴 기력조차 없을 때가 있다. 그런 날 나는 종종 주방의 한구석에 자리 잡은 컵라면을 꺼낸다. 그 순간 일상의 복잡함이 잠시 잊힌다. 컵라면은 단순한 음식 그 이상이다. 그것은 내게 편리함과 안식의 상징처럼 다가온다.

물론 컵라면은 영양소가 풍부한 음식도 아니고 때때로 '정말 이것만 먹어도 괜찮을까?' 하는 생각이 들기도 한다. 하지만 한편 나는 그 편리함에 위안받는다. 면발이 익는 동안 마음이 조금은 차분해지기 때문이다. 뜨거운 물이 면을 익히고 김이 모락모락 피어오르면 잠시나마 살맛 나는 것처럼 느껴진다.

컵라면을 먹는 순간 간단한 음식이지만 그 맛은 깊고 묘한 만족감을 준다. 건더기 하나하나에 스며드는 간과 고추기름의 조화, 면발의 부드러움, 그리고 뜨겁고 짭조름한 국물까지 하루의 피로를 씻어 주는 듯하다.

봉지라면도 취향에 따라 응용하여 요리하듯이 컵라면 또한 각자 식성에 따라 여러 가지로 만든다. 컵라면 계란찜은 컵라면을 다르게 먹는 방법이 아니라, 먹고 나서 남은 국물로 만드는 추가 요리다. 전자레인지에 돌려도 되는 컵라면일지라도 번거롭지만, 전자레인지용 그릇을 준비해 요리한다. 우선 컵라면의 면발을 다 먹은 다음 국물에 달걀을 넣는다. 두세 개 정도 넣는데, 일단

세 개 정도로 해 보고 이후 취향대로 넣어 젓가락으로 휘저어 달걀을 잘 풀어 준 다음 냄비에 담아 전자레인지에 약 3분 정도 돌리면 완성된다.

최근 SNS나 유튜브에서 유행하기 시작한 컵라면 응용 요리로 컵라면 볶음밥은 컵라면의 면을 잘게 부수고 분말 수프를 넣어 준 후에 뜨거운 물을 조금만 넣어서 익힌다. 그동안 양파, 당근 잘게 썰어 볶음밥을 만들고 거기에 익힌 컵라면을 넣어 볶아 주면 완성이다. 기호에 따라 버섯, 미나리, 청경채, 부추, 고수와 같은 제철 채소를 넣어도 된다. 완성된 볶음밥을 컵라면 용기에 꽉 꽉 눌러 담은 후에 접시에 뒤집어 놓고 컵라면 용기를 살짝 빼낸 후 모양을 만들어 주면 멋진 한 끼 식사가 된다.

이처럼 컵라면 하나로 얻는 여유. 그건 아무리 복잡하고 힘든 생활 속에서 내게 잊지 못할 소중한 시간이다. 컵라면을 요리하고 먹는 시간은 나만의 휴식이 된다. 바쁘고 정신없는 일상 가운데 잠시 멈춰서 그 작은 그릇에 담긴 따뜻함을 음미하는 것만으로도 마음이 가벼워진다. "오늘 하루도 잘 살아 냈다."라는 작은 위로를 그 한 끼에서 느끼며 내일을 위한 힘을 얻고, 다시 일상으로 나아간다.

비블리오 배틀

2022 대한민국 독서 대전이 3일간 원주에서 열렸다. 그중 행사의 하나로 「비블리오 배틀」이라는 낯선 경연이 있었는데, 비블리오 배틀이란 책을 뜻하는 '비블리오(biblio)'와 대결을 뜻하는 '배틀(battle)'의 합성어로 제한 시간 5분 이내에 책을 소개하고 투표를 통해 책을 선정하는 지적 서평 게임이다. "내 인생의 책을 소개합니다"라는 제목으로 참가 대상은 초·중·고등학교, 일반인 도전자가 직접 읽은 책을 가지고 무대로 나와 5분 동안 한 권의 책을 소개하는 행사였다. 24일 토요일에는 따뚜공연장 본 무대에서 일반인 결선이 있었고 25일 일요일에는 도서관 101호 강의실에서 "나를 자유롭게 한 책"이라는 타이틀로 진행되었는데 심사를 맡게 되었다.

지적 서평 대결을 표방하는 비블리오 배틀은 2007년 일본 교토대에서 시작되었다고 한다. 인공지능 연구자인 다니 구치 다다히로 박사가 "인간의 뇌는 말하지 않으면 활성화되지 않는다."

라는 뇌 과학의 연구 성과를 활용해 공부 모임을 재미있게 운영할 수 있도록 고안한 것이라고 한다. 좋은 책을 즐겁게 소개하자는 독서 운동 프로그램을 넘어서 학습에도 도움이 되는 효과가 있어 우리나라에서도 MBC 방송에서 프로그램으로 다룬 적이 있다. 규칙은 참가자가 미리 읽고 재미있다고 생각한 책을 가지고 와서 줄거리, 감상, 추천 이유 등을 제한 시간 5분 이내에 자료 없이 즉흥으로 말하여 소개해야 한다. 주어진 시간이 넘으면 자동으로 마이크가 종료된다. 비블리오 배틀은 독서를 활용한 지적 훈련이다. 정해진 시간에 한 권의 책에 담긴 정보를 압축해 전달하는 소통 능력을 길러 주는 동시에 자신의 관심과 취향을 당당히 표현할 수 있게 해 줄 수 있어 사회생활에 유용한 능력을 길러 주는 좋은 프로그램이다. 일본에서는 2010년부터 해마다 전국 대학생 대회가 열리며, 비블리오 배틀의 유익한 점이 알려지면서 초·중·고교는 물론이고 도서관, 카페, 기업 등을 대상으로 확산하는 추세라고 한다.

 대본 없이 5분 동안 소개를 한다는 것이 사실 출연자들에게 가장 부담되는 중요임무였기 때문에, 본인의 느낌과 생각을 요약하여 5분이라는 시간 안에 맞추어 발표하는 일은 결코 하루이틀에 되는 일은 아니다. 내용을 외워서 하면 도중에 생각이 나지 앉아 머뭇거리기도 하고 시간을 맞추기 위해 뒤에 있는 타이머를 돌아보는 모습도 볼 수 있었다. 참여자들이 원고를 써서 외웠다는 것을 느낄 수 있었는데 반복 훈련을 통해, 시간 감각을 익히고 자유롭게 자신의 이야기를 끄집어내는 형식으로 발표하는 능력을 기르는 게 바람직하다고 생각했다. 8년간의 의정활동으로 본회의 5분 발언의 기회를 많이 가져 보았던 나도 원고를 써서 시간 내에 마칠 수 있도록 스톱워치를 켜 놓고 여러 번 예행연습 했던 기억이 되살아났다.

첫날 일반인들 심사 때보다 둘째 날 중·고등부 경연에서 많은 감동을 했다. 지도교사의 도움 때문인지 연습 기간이 길어서였는지 도서의 선택과 발표 능력도 탁월했다. 어쩌면 일반인들의 교육 과정과 지금 학생들의 교육 과정이 달라서인지 미래의 주인공이 될 청소년들의 밝은 모습을 볼 수 있어서 좋았다. 출전자들의 발표를 듣는 이들은 여러 권의 책을 동시에 소개받는 효과도 있었다. 여기에 발표된 책을 모두 읽어 보아야겠다는 개인적인 관심이 생겨 심사를 맡게 된 것이 큰 행운으로 느껴졌다.

책을 많이 읽는 것은 개인뿐 아니라 사회에도 큰 힘이 된다. 버스나 전철에서도 대부분 스마트폰만 보고, 집에 가서도 컴퓨터를 보는 시간이 많아지는 것이 현실이다. 우리 사회가 더 나은 방향으로 가는 것은 시민 개개인이 책을 읽는 문화를 통해 도움이 될 수 있다고 생각된다. 우리나라 성인의 40%가 1년 동안에 책을 한 권도 읽지 않는다는 통계를 본 적이 있다. 유네스코 문학 창의 도시인 원주시는 풀뿌리 독서 문화 운동으로「한 도시 한 책 읽기」를 2004년부터 시작하여 매년 한 권의 책을 선정하여 발표한다. 한 해 동안 읽고 소통과 공감을 통해 우리 사회에 존재하는 갈등과 문제를 함께 고민하는 독서 운동이 널리 보급됐으면 한다. 아울러 비블리오 배틀이 일회성 행사로 끝나지 않고 지속해서 교육 현장에서 계속됐으면 좋겠다는 소망도 가져 본다.

비스듬한 새벽

눈을 뜨면 네 시, 조금 더 눈을 감아 봐도 잠은 오지 않는다. 하루의 시작이자 어쩌면 어제의 끝, 새벽은 늘 애매한 시간이다. 그중에서도 완전히 밝지 않고, 어둠이 완전히 물러가지 않은 비스듬한 새벽. 그 시간은 마치 하루와 하루 사이의 틈새 같다. 정돈되지 않은 감정, 마무리되지 않은 생각들이 살짝 기울어진 자세로 머무는 시간. 창밖에서 은은히 퍼지는 푸르스름한 빛, 고요한 정적 속에서 들리는 나뭇잎 스치는 소리, 그리고 어쩐지 낯설도록 선명한 내 마음의 소리. 비스듬한 새벽은 그런 것들을 들을 수 있는 시간이다.

하루 진종일 바쁘게 살아가는 동안, 우리는 마음속에 수많은 감정과 생각을 쌓아 둔다. 말하지 못한 말, 마주하지 못한 감정, 외면한 진심. 그런 것들이 새벽의 틈 사이로 스며 나온다. 그래서 새벽은 종종 외롭고도 따뜻하다. 아프고도 다정하다.

문득, 인생도 이 비스듬한 새벽 같다는 생각이 든다. 완전히 밝지도, 완전히 어둡지도 않은 어중간한 상태. 어디로 가야 할지, 무엇을 해야 할지 명확하지 않은 시간. 하지만 바로 그런 시간이 우리를 성장시키는 게 아닐까. 명확하지 않기에 더 고민하고 망설이기에 더 단단해지는 법이니까. 비스듬한 새벽을 지나야 해가 뜬다. 모든 것엔 시간이 필요하고 모든 어둠은 결국 물러난다. 그러니 지금 마음이 흐릿하고 삶이 기울어져 있다고 해도 괜찮다. 그 또한 지나갈 새벽일 뿐이다.

오늘도 비스듬한 새벽에 기대어 나를 다시 다듬는다. 너무 조급해하지 않고, 너무 두려워하지 않으며. 그렇게 천천히, 하루를 맞을 준비를 한다.

밤과 아침 사이, 딱 그만큼의 기울기. 새벽은 언제나 수직으로 찾아오지 않는다. 어둠과 빛이 엇갈리는 그 잠깐의 틈, 세상은 조용히 숨을 고르고 나는 그 비스듬한 새벽에 머무른다. 커튼 사이로 스며드는 푸르스름한 빛은 아직 본격적인 낮이 아니다. 잠든 도시의 숨결 위로 엷게 번지는 미명의 온도는 마치 미완의 시처럼, 뭔가를 말하려다 그만두는 눈빛 같다. 이 시간의 공기는 묘하게 무겁고도 가볍다. 지워지지 않은 꿈과 오지 않은 오늘 사이의 여백이기 때문이다.

비스듬한 새벽엔 세상이 잠깐 멈춘 듯하다. 시계의 초침조차 조용히 걸어가고, 내 안의 기억들이 그 틈을 타 불쑥 얼굴을 내민다. 지나간 사랑, 놓쳐 버린 기회, 잊은 줄 알았던 마음. 어두워서 몰랐고 밝아서도 보이지 않던 것들이 이 어정쩡한 빛 아래서 또렷이 드러난다. 그 시간에는 잠들지 않는다. 어쩌면 깨어 있으려 애쓰는 것인지도 모른다. 어떤 감정들은 낮의 밝은 빛 아래서 눈을 제대로 뜨지 못하고, 밤의 어둠 속에서는 숨을 죽인다. 그러니 그 감정들이 말을 건네는 시간은 늘 이 비스듬한 새벽뿐이다.

인생도 정답과 확신이 없는 기울어진 경계선 위에서 아슬아슬하게 균형을 잡으며 걸어가는 것. 완전히 빛나지도, 완전히 무너지지도 않은 채로. 하지만 그런 시간 들이 결국 우리를 가장 깊이 있게 만든다. 불완전함 속에서 피어나는 단단함, 그것이 삶의 본모습인지도 모른다.

새벽은 곧 낮에 자리를 내어주겠지만, 그 찰나의 기울기를 사랑한다. 그 안에는 밤이 견뎌 낸 고요와 낮이 시작될 이유가 공존하니까.

오늘도 나는 이 비스듬한 새벽에 나를 기대어 조용히 하루를 시작한다.

걸음의 미학

　텔레비전을 켰다. 뉴스에서는 유명인의 아들 병역 비리 문제로 떠들썩했다. 뒤이어 편의점에서 다섯 시간 아르바이트하고 교통비를 아끼기 위해 한 시간 반을 걸어서 귀가하던 이십 대 여성이 강도에게 신용카드와 현금 만 오천 원을 빼앗기고 죽임을 당했다는 뉴스가 이어졌다. 순간 나는 화가 치밀어 올랐다.
　"아휴! 저렇게 불쌍하게 열심히 살고 있는 어려운 국민이 많아!" 나는 소리치며 식탁으로 가 물을 한 컵 벌컥 들여 마셨다. 그사이 태풍 10호 하이선이 휩쓸고 지나간 경포호 주변 상가의 뉴스가 이어지고 있었다. "지난번 9호 태풍 마이삭이 휩쓸고 간 뒤처리도 다 하지 못한 채 또 이렇게 잠겨 버렸으니 막막하죠, 뭐. 허허." 울어도 시원치 않을 일에 어이가 없어서일까? 헛웃음을 띤 상인의 목소리가 귀를 스쳤다. 이어지는 세계 각국 코로나19의 소식이 들려온다. 이제는 놀랍지도 않다. 벌써 몇 달째야, 아휴!

뉴스를 보니 세상은 막막한 일로 가득했다 '최첨단 과학이니 암을 정복한다느니 다 무슨 소용이야! 바이러스 하나 따라잡지도 못하고 바이러스가 앞질러 가는데.' 나는 울화가 치미는 가슴을 쓸어내리며 뒷골이 당기는 것을 느꼈다.

냉장고 문을 열고 우유 한 컵에 귀리 가루 한 스푼을 타서 아침 식사를 대신하고 약 봉투를 열었다. 얼른 혈압약을 입에 넣고 물 한 모금과 함께 꿀꺽 삼켰다.

예전에 저혈압이던 나는 사십 대부터 체중이 늘어 혈압이 오르기 시작했다. 하긴 20대 적에 47kg이던 체중이 70대가 된 지금 70kg을 넘기게 되었으니, 혈압이 안 오를 리 없다. 식성 또한 육식을 즐기니 어쩌랴. 비만에 갑상선 저하증까지 성인병이 생기도록 건강관리를 하지 않고 매일 열심히 무엇을 위해 살아왔는지 모르겠다는 자조 섞인 한탄이 저절로 터진다. 걷기로 체중 조절을 해 보려고 비싼 마사이식 걸음걸이 운동화를 구매해 놓고 신발장에서 묵은 세월이 얼마인지 고무가 삭아서 못 쓰게 되어 버렸다. 야속함의 무게가 해마다 더해 가니 늦었지만 이제 건강관리를 위해 걷기를 시작하기로 마음먹었다.

걷기의 달인인 베르나르 올리비에는 정년퇴직과 부인의 죽음으로 더 이상 살아야 할 이유가 없어서 극단적인 선택을 고민하던 중 문밖으로 나와 집에서부터 산티아고 데 콤포스텔라까지 2,325km에 달하는 길을 걸으며 아직 존재할 이유가 있다는 사실을 깨닫게 되었다고 한다.

핸드폰에 만보기 앱을 깔고 원주천으로 나갔다. 길의 위로를 받으며 두 시간 이상씩 걷고 탄수화물을 줄여 저염식으로 식단 조절을 했다. 한 달이 지나도록 체중이 요지부동이더니 석 달이 지나서야 3kg이 줄어든 것을 확인할 수 있었다,

"살찌기 전에 관리하는 것이 훨씬 쉽겠어, 삼 개월을 걸었는데 겨우 3kg 빠졌네."

나의 탄식 섞인 호소를 들은 수필 동아리 회원이 "겨우라니요? 애기를 하나 낳으셨는데, 호호호."라고 대꾸했다. 늘 유쾌한 그녀의 격려 담긴 해석은 웃음을 선사할 뿐만 아니라 내게 응원의 메시지가 되었다. 운동은 혈압을 낮추기 위한 가장 간단하면서도 좋은 방법임이 틀림없다.

규칙적인 운동은 심장이 효율적으로 혈액을 공급하도록 해 혈압을 낮추는 데 도움을 준다 하니 비가 오면 오는 대로 무더운 날은 이른 아침부터 계절을 느끼며 걸었다.

그동안 내 눈에 들어오지 않았던 자연과의 만남은 또 다른 삶의 기쁨이었다. 자연은 내게 긍정적인 길을 가르쳐 주었다. 아침 해를 만나면 활짝 피는 나팔꽃의 보라색이 예쁘고 잡초 가운데

서 휘감고 꽃을 피우는 강인한 생명력은 나를 감동하게 했다. 야생화의 색깔이 아름다워서 나를 색으로 표현하면 무슨 색깔일까 하는 생각도 해 보았다. 오늘 길에서 얻은 희망 한 줌 놓치지 않으려 좀 더 가다 보면 비 내린 후 햇살 좋으면 한동안 보지 못했던 뱀이 마중 나와 똬리를 틀고 있는 것도 놀라운 일이었다.

 검증된 보고에 따르면 하루에 30분만 걸어도 혈압을 낮추는 데 도움을 주며, 운동을 더 많이 할수록 혈압은 더 많이 떨어진다고 한다.
 그동안 집에 들어앉아 코로나를 탓하며 핑계 삼아 운동을 게을리한 그것이 체중을 늘게 하였고 약을 먹는데도 결국 혈압이 더 높아지게 된 것이다.
 더구나 언제부터인가, TV를 켜고 잠들어 노루잠 자듯 밤잠을 설치는 것도 한몫했다는 의사의 말을 듣고 보니 숙면이 건강에 좋다는 것은 두말하여 무엇 하랴.
 살아온 날보다 살아갈 날이 적은 나이지만 자연과 함께 심신이 건강한 나날을 만들어 가야겠다고 다짐한다.
 최소한 자녀들에게 짐이 되는 노년의 삶이 되어서는 안 될 테니까.

황혼빛 물들 때

 석양이 아름다운 곳, 원주의 섬강과 남한강이 만나는 곳, 강원, 경기, 충청이 만나는 합수머리가 바로 흥원창이다. 다산 정약용은 흥원창의 경치가 좋아 '은섬포(銀蟾浦)'라는 이름을 짓기도 했다. 황혼의 나이가 되어서일까, 은섬포 석양이 보고 싶어 길을 나섰다.

 황혼은 말이 없다. 그저 붉은 물감을 쏟아붓듯 하늘을 적시고, 아무 일 없었다는 듯 잿빛으로 스며든다. 그 찰나의 무너짐은 소란하지 않다. 오히려 조용하고 단호하다. 그래서 더 마음이 저릿하다.

 해는 지기 위해 떠오른다지만, 어째서 이토록 급하게, 이토록 서둘러 저물어야 하는 걸까. 햇살이 건네던 마지막 인사도 미처 듣기 전에 빛은 허공에서 맥없이 꺼져버린다. 황혼은 하루의 끝이 아니라 무언가 놓친 채 지나간 순간들의 그림자다. 나도 모르게 멈춰 선다. 붉게 불타오르는 서쪽 하늘이 마치 오래된 편지처럼 느껴진다. 읽는 순간 사라질까 두려워 눈길만으로 조심스레 매만진다. 햇빛이 바람에 남기는 마지막 숨결이며 하루가 다가오는 밤에 속삭이는 비밀이다. 그래서 나는 오늘도 지는 해를 바라보며 다가오는 어둠에 인사를 건넨다. '천천히 와 줘. 오늘 아직 끝내고 싶지 않아.'

  해가 지는 건 늘 알고 있지만, 그 속도가 이토록 빠르다는 걸 느낄 때가 있다. 오후의 햇살이 조금 누그러졌나? 싶었는데 어느새 하늘이 붉게 물들고 그 붉음이 금세 잿빛으로 바뀌는 순간. 그것은 마치 누군가의 마음이 서서히 식어 가는 걸 곁에서 지켜보는 것처럼 조용해도 아프다. 석양은 하루의 끝이지만 끝이 오히려 시작보다 더 빠르고 선명하게 다가올 때가 있다. 그럴 때면 문득 삶도 그런 게 아닐까 싶다. 시작은 어렴풋하고 더딘데 끝은 빠르고 또렷하다. 빛났던 시간도 그렇게 눈 깜짝할 사이에 저물고 그 자리에 나만 덩그러니 남는다. 빠르게 지는 해를 바라보며 문득 붙잡지 못한 순간들을 떠올린다. 다 말하지 못했던 고백, 잡지 못했던 손, 끝내 웃어 주지 못했던 얼굴. 마치 해가 떨어지듯 마음에서도 뭔가 하나 툭 하고 사라져 버리는 기분이지만 황혼이 아름다운 것은 그것이 빠르기 때문일지도 모른다. 오래 머물렀다면 그만큼 소중하게 느껴지지 않았을 것이다. 짧기에 더 찬란하고, 금방 사라지기에 더 눈에 밟힌다. 그렇게 우리 인생의 수많은 순간도 황혼 같다. 어쩌면 영원히 기억되는 건 찰나였던 시간이다.

  오늘도 하늘 저편으로 스러지는 빛을 따라 나의 하루도 조용히 내려놓는다. 남은 석양이 다 지기 전에 이 짧은 아름다움을 조금 더 오래 마음에 담아 두려고 가던 길을 멈춰 산 너머로 사라지는 노을빛 하늘을 하염없이 바라본다.

비, 그리고 나

커다란 먹구름이 빠르게 이동한다. 하늘의 허파가 용트림하며 짧고 강한 바람을 쏟아 낸다. 번갈아 쉬는 들숨과 날숨 사이로 당장이라도 엄청난 비를 퍼부어 댈 것 같다. 비가 오는 날 홀로 고속도로를 달리다 보면, 문득 삶과 죽음에 대한 감각이 다가온다. 동그란 핸들에 두 손을 얹고 질주하노라면, 복잡하던 머릿속이 단순하게 정리된다. 인간이 얼마나 미약한 존재인지 느껴지기도 한다. 들풀과 같이 약한 생명이기에 지금 살아서 뛰는 내 심장에 대해 숙연해진다. "과일 속에 씨가 들어 있듯 삶이 시작될 때 이미 죽음도 함께 잉태되었다."라는 『말테의 수기』에 나오는 릴케의 말이 생각났다. 삶 속에 죽음이 있다는 말이 생생한 느낌으로 피부에 와닿았다.

삶과 죽음은 서로 동떨어진 무엇이 아니라 표면과 이면이다. 삶이 끝난 다음에 비로소 죽음이 시작되는 것이 아니라, 삶이 시작되면서 죽음도 함께 시작된다. 사람은 삶만 사는 게 아니라 죽음도 함께 살아야 한다. 결국 잘 산다는 것은 잘 죽는다는 것이다. 잘 죽을 수 있으려면 잘 살아야 함이 전제된다.

  비는 보이지 않는 실존적 물음에 마음껏 탐닉할 수 있게 해 준다. 삶이 무엇인지, 답 없는 답을 찾기 위해 영화관을 찾고 도서관을 드나들고 온몸에 비를 맞으며 거리를 헤매기도 한다. 예리한 비의 지문은 머릿속에 부식된 붉은 녹들을 벗겨 내고, 가슴속에 낀 때를 벗겨 초록빛 생명의 감수성을 일깨운다.

  비가 내리면 내 안 깊숙한 곳에서 정체불명의 힘이 솟아난다. 드물게 몸과 마음이 활력으로 탱탱해진다. 오늘은 비의 예감만으로도 가만히 앉아 있을 수가 없다. 달릴 채비를 했다. 막힘 없이 달려 보기에는 고속도로보다 더 좋은 곳이 없다. 가까운 나들목으로 진입했다. 목적지는 없다. 비를 맞으며 실컷 달리다 그만 달리고 싶을 때 돌아오면 된다.

  자동차는 거침없이 달린다. 드디어 전면 창으로 빗방울이 부딪힌다. 아스팔트가 검게 젖어 온다. 내 몸의 대부분을 차지하고 있는 내 안의 빗방울들은 저절로 하늘에서 떨어지는 빗방울들에 이끌린다. 오랜 그리움 뒤 연인과의 해후처럼 마음의 응어리가 풀리고 가슴 전체가 따뜻해져 온다. 빗방울들이 다가와 부서져 내린다. 녹음을 머금은 진초록 유리창 위로 방울방울 매달린다.

온몸을 에워싸는 빗방울이 혈관에 주입되는 링거액처럼 메마른 정신을 빠르게 타고 흡수된다. 빗줄기가 사다리처럼 하늘까지 이어진 날, 그런 날은 모든 것에 조금 더 너그러워진다. 쨍한 햇살 아래서 야무지던 마음과는 대조적이다. 맑은 날보다는 비 오는 날이 더 좋은 것은 닿을 듯 가까워진 하늘이 마음을 부드럽게 어루만져 주기 때문일 것이다.

빗줄기가 거세질수록 나무들의 춤사위는 더 격렬해진다. 서서히 타이어에 들러붙는 아스팔트의 질감도 달라진다. 차체와 도로가 한 덩어리로 밀착되며 어느덧 속도감마저 사라진다. 점차 우주적 진공 같은 것이 느껴진다. 자질구레한 잡념들이 빠르게 사라지면서 마침내 나는 느낌표 하나로 존재한다.

아름다운 선율의 음악과 감동적인 영화가 정신에 미치는 영향만큼 비 또한 그렇다. 훌륭한 영화가 마음을 한껏 드높여 주듯 비도 정신과 영혼을 한 단계 상승시켜 준다.

하늘과 땅을 이어 주는 빗줄기를 오래도록 바라보고 있노라면, 와이퍼가 지나간 유리창처럼 마음이 투명해진다. 스탕달의 『적과 흑』에는 '습기에 특별히 민감한 사람들'이 등장한다. 그들은 다른 이들이 흘려 넘겨 버리는 작은 일에도 예민하게 반응하고 쉽게 상처를 입는다. 유난히 '비를 탄다'라는 것은 남다르게 마음의 정화가 필요하다는 뜻인지도 모르겠다. 정화의 욕구가 유달리 강하기에 마음을 씻어 낼 수 있는 비 오는 날에 집착하는 게 아닐까. 마음의 정화 욕구가 남다르다는 것은 그만큼 상처받기 쉬운 마음의 소유자라는 말이기도 하다. 존재하느라 깨어진 상처의 파편들이 누구보다도 많기에 그것들을 걸러 내는 작용이 더 요구되는 것인지도 모르겠다.

거대한 덤프트럭이 물세례를 퍼부으며 바짝 다가와 비켜 지나간다. 움찔하며 핸들을 힘주어 잡는다. 그렇다. 비 오는 날의 고속도로는 삶에 대한 강한 애착과 확실한 긍정을 확인시켜 주는 공간이다. 시속 백 킬로미터의 속도감으로 펼쳐지는 비에 젖은 도로는 더 본질적으로 살아갈 힘을 재생시켜 준다. 생명만이 진실이기에 추한 욕심들이 사라지고 평화로운 삶을 향해 애틋한 마음이 된다. 비를 뚫고 도로를 가로질러 천천히 날아가는 이름 모를 새를 보노라면, 불현듯 하늘에 닿는 문장을 쓰고 싶어진다. 그 모든 것에도 불구하고 삶은 지속된다. 받는 상처와 삶의 황폐함에도 이어질 것이다. 그것이 인생이다.

3부

다른 세상의
한 조각

못난이 채소

　지역에서 재배한 농산물 새벽시장이 매일 네 시부터 천변에서 열린다. 생산자와 소비자가 만나는 직거래 장터다. 날씨가 더워지면서 입맛이 없어 몸의 열도 식힐 겸 식감이 아삭한 오이지를 담글 생각으로 일찍 일어났다. 바퀴 달린 손수레를 끌고 새벽시장으로 갔다. 벌써 많은 사람이 지역에서 생산된 싱싱한 채소를 사려고 일찍 나와 북적였다.

　곧게 뻗은 오이, 반질반질한 토마토, 그 틈에 조금 꼬부라지고 흠이 난 못난이 채소들이 눈에 들어왔다. 오이지는 몸집이 큰 것보다 작은 것이 씨가 없고 아삭한 맛이 있다. 가격도 싸고 잘생긴 오이보다 양이 많아 겉모습은 다소 왜소했지만, 그것으로 선택했다. 오이 한 봉지에 삼천 원, 매끈하지 않고 곧지도 않은 오이들이 삐뚤빼뚤한 모습으로 한가득 담겨 있었다. 누군가에겐 상품 가치가 떨어진다며 외면받았을 그 오이들이 어딘가 모자라고 울퉁불퉁하지만 주저하지 않고 그 봉지를 들었다. 게다가 덤까지 얹어 주어 인정이 넘친다.

 집으로 돌아오자마자 오이지를 담갔다. 소금물에 푹 잠긴 오이들은 마치 긴 하루를 끝낸 사람처럼 편안해 보였다. 이틀이 지나 특유의 노란빛이 돌기 시작했고, 익어 가는 짭짤한 냄새가 배어들었다. 시간은 서서히 그것들을 익히고, 또 새로운 맛으로 바꾸어 준다.

 여름날, 밥상 위에 오른 아삭한 오이지를 씹으며 문득 생각했다. 맛은 겉모양에서 오는 것이 아니구나. 휘어진 모습도, 흠집 난 껍질도 오히려 그 자체로 자연스럽고 정겹다. 아니, 모습 그대로라서 더 깊은 맛이 나는 건 아닐까. 사람도 마찬가지다. 조금 모자라고, 조금 서툴러도, 진심을 담고 시간과 정성이 더해지면 언젠가는 다 제맛을 낸다. 못난이 오이가 그러하듯, 우리도 각자의 자리에서 그렇게 익어 간다.

 요즘, 그 못난이 채소에 마음이 간다. 울퉁불퉁한 감자, 한쪽으로 기울어진 토마토, 검은 점이 살짝 생긴 사과. 그 속에는 단순히 외형이 아닌, 농부의 고단한 시간과 지구온난화로 인한 자연의 변화가 고스란히 담겨 있다.

 특히 기후변화로 불규칙한 날씨, 예고 없는 폭우, 갑작스러운 이상고온은 작물의 성장을 방해하고, 상품성이 떨어졌다는 이유로 버려지는 농산물이 늘어나고 있다. 그런 현실을 마주할수록 나는 묻게 된다. '이건 정말 못난 걸까? 아니면 우리가 너무 까다로워진 걸까?' 다행히도 이런 문제를 조금 더 깊이 고민하며, 못난이 채소를 새로운 가치로 되살리려는 움직임이 세계 곳곳에서 일어나고 있다.

프랑스에서는 '인터마르셰(Intermarché)'라는 대형 슈퍼마켓 체인이 '못생긴 과일과 채소 캠페인(Les fruits et légumes moches)'을 시작했다. 이들은 버려질 뻔한 못난이 농산물을 매장에 따로 진열해 정가보다 30% 저렴하게 판매했다. 못난이 채소를 유머 있게 포장한 광고와 함께 소비자에게 '다르게 생겼을 뿐 맛은 똑같다'라는 메시지를 전했고, 이 캠페인은 프랑스 전역에 큰 반향을 일으켰다.

영국에서는 '어글리푸드(UglyFood)'와 같은 스타트업이 등장했다. 이들은 농장에서 발생한 못난이 농산물을 직접 수거해 도시 소비자에게 배송하는 서비스를 운영한다. 매주 '못난이 박스'에 담겨 오는 채소와 과일들은 제각기 다른 얼굴을 하고 있지만, 오히려 그 다양성과 솔직함이 소비자에게 특별한 감동을 준다. 이는 단순한 판매를 넘어서, 음식물 쓰레기를 줄이고, 지속 가능한 소비를 유도하는 실천으로 이어지고 있다.

미국에서도 '임퍼펙트 푸드(Imperfect Foods)'라는 기업이 못난이 농산물을 수거하여 가정에 배송하는 구독 서비스를 운영하며 수십 톤의 농산물 폐기를 막고 있다. 이 기업은 소비자와 생산자 모두에게 이득이 되는 구조를 만들어 내며, 환경 보호와 사회적 가치를 동시에 실현하고 있다.

'못난이'는 단어일 뿐이다. 그 단어에 담긴 의미를 바꾸기 시작한다면, 못난이 채소는 오히려 더 진실한 농산물이다. 외면당한 것이 아닌, 되살려야 할 가치로 다가온다. 아름다움은 꼭 겉으로만 드러나는 것이 아니다. 못난이 채소의 울퉁불퉁한 몸매도, 이 시대가 새겨 넣은 하나의 가치라는 생각이 든다. 그 안에 담긴 이야기와 가치는 오히려 더 깊었다.

농부의 손은 흙을 일구고, 계절을 품는다. 그런 손에서 자란 채소가 못생겼다고 덜 소중할 이유는 없다. 그 못난이 채소를 외면하지 않는다면, 기후 위기의 시대에도 음식은 버려지지 않고, 땅은 덜 고통받을 것이다. 단순히 외모 때문에 선택받지 못한 농산물일 뿐, 맛도 영양도 다르지 않다. 요즘 기후변화로 인해 더 자주 나타난다고 한다.

갑작스러운 불볕더위, 집중호우, 이상기온. 이 모든 것이 농작물에 상처를 남긴다. 그런 채소 하나하나엔 농부들의 땀과 기다림, 그리고 자연의 변화를 온몸으로 견딘 흔적이 담겨 있다. 그런 생각을 하니 버릴 수 없었다. 그것은 농부의 수고와 자연의 이야기를 외면하는 일이니까. 외모보다 본질을, 효율보다 생명을 생각할 수 있다면, 못난이 채소도 식탁에서 당당해질 수 있다. 진짜 못난 것은 채소가 아니라, 가치를 외면하는 시선일지도 모른다. 못난이 채소 앞에서 오늘도 반성한다. 그리고 감사히 식탁을 채운다.

소리 없는 비명

잠에서 깨어 앞 베란다로 나가 벽에 붙어 있는 수도꼭지를 틀었다. 물줄기가 세차게 쏟아진다. 아랫집 젊은 부부의 주말 아침을 방해할까 염려되어 얼른 약하게 줄였다. 안방 벽으로 수도 배관이 연결되어 있으니 세게 틀면 물 흐르는 소리가 다 들리기 때문이다.

토요일 아침은 화초 물 주는 날이다. 제라늄꽃을 좋아해서 색깔별로 기르다 보니 어느새 화분이 늘어났다. 오 년 전쯤에 아보카도를 먹고 빈 화분에 씨앗을 묻어 놓았더니 싹이 나서 제법 굵은 나무가 되었다. 고무나무, 뱅갈 고무나무, 게발선인장, 다육 종류, 모두 백 개가 넘는 화분에 물을 주고 떡잎을 제거해 주다 보면 어느새 보통 두 시간은 훌쩍 넘어간다. 주말에 행사가 있거나 여행을 갈 때는 물주기를 거르게 될 때가 있다. 그때는 물을 좋아하는 화초의 화분 밑에 대야에 물을 채워 담가 놓아야 말라 죽지 않는다.

식물은 그 자리에서 도망칠 수도 없고, 외면할 수도 없다. 단지 그 자리에 선 채로, 말없이 견디며 살아간다. 하지만 이제 나는 안다. 그들이 말은 없지만, 소리는 낸다는 것을. 그 미세한 떨림을 이해하고 응답하는 것, 그것이 진정 자연과 공존하는 첫걸음일지도 모른다.

　물이 말라 가는 오후, 잎은 마른 입술처럼 갈라지고 줄기 속 어딘가에서 아주 작고 날카로운 소리가 공중으로 흩어진다. 우리는 듣지 못해도 그들은 분명히 말하고 있다. '나 목마르다.' '조금만 더 살고 싶다.'

　초음파, 귀로는 닿을 수 없는 그들의 언어. 그 속삭임은 비명이고, 비명은 살아 있으려는 작은 저항이다.

　잎 하나가 시들면 나는 귀를 기울일 것이다. 그 초록빛 존재가 나지막이 속삭이는 살아 있음의 노래를.

　말하지도 눈에 띄게 움직이지도 않기 때문에 식물을 조용한 존재라 생각하지만, 최근 연구에 따르면, 식물도 스트레스를 받으면 '소리'를 낸다고 한다. 인간의 귀로는 들을 수 없지만, 초음파로 내뱉는 이 작은 신호는 마치 고요한 숲속에서 터져 나오는 비명처럼 다가온다. 이 사실을 처음 접했을 때, 나는 왠지 모를 죄책감을 느꼈다. 물을 제때 주지 못한 화분, 가지치기를 하며 아무렇지 않게 잘라 낸 줄기, 무심코 밟아 버린 잔디들. 혹시 그 순간마다 식물은 고통을 호소하고 있었던 걸까? 우리가 듣지 못한다고 해서, 그들의 감정이나 생명이 가벼워지는 것은 아닐 텐데.

 초음파 장비를 통해 식물이 내는 소리를 들어 보면, 마치 터지는 듯한, 짧고 날카로운 클릭음이 들린다고 한다. 이 소리는 건조하거나 상처를 입었을 때 더욱 빈번하게 발생한다는데 마치 살려 달라고 말하는 듯하다. 우리는 그동안 얼마나 많은 식물의 '비명'을 외면하며 살아왔을까.
 식물의 소리에 귀를 기울인다는 건 단순히 과학적 발견을 넘어, 우리가 자연을 바라보는 시선을 바꾸는 일이다. 생명을 느끼는 감수성, 말 없는 존재에게서 신호를 읽어 내는 섬세함이 필요하다. 이제는 식물이 내는 그 조용한 절규에도 마음을 기울여야 할 때가 아닐까.

주차난 속의 행복

아침 출근길, 한정된 주차 공간을 찾기 위한 전쟁이 시작된다. 나는 항상 주차 자리를 찾아 헤매는 시간에 묶인다. 이미 눈앞에 보이는 주차장들은 가득 차 있다. 주차된 차들 속에서 나는 언제나 그 끝없는 줄을 따라가며 빈자리를 발견할 수 있기를 기대한다. 그런데 그때마다 느껴지는 작은 좌절감이 있다. 빈자리를 찾았다고 생각했을 때, 내가 가기 전에 다른 차로 자리가 다시 차버린다. 그것은 마치 내가 어딘가에 도달하려고 할 때마다 끊임없이 바뀌는 지도처럼, 한 발짝도 앞으로 나가지 못하는 기분이다. 이런 상황에서 사람들이 서로 신경을 쓰지 않거나, 자기만 신경 쓰고 있다는 느낌을 받는다.

주차 공간이 부족한 이유는, 결국 서로의 배려가 부족하기 때문이다. 다른 사람을 배려하고, 조금 더 넓은 공간을 남기려는 작은 마음이 있으면, 세상이 조금 더 여유로워질 것 같은 생각이 든다. 물론, 현실은 그런 여유를 가질 시간이 부족한 듯 보인다.

몇 바퀴를 돌다가 어렵사리 차를 세우고 난 후, 내 마음은 언제나 한 가지 질문에 갇힌다. '이 주차 공간을 내가 사용한 만큼, 다른 사람에게도 여유를 주었을까?' 그러고 나면, 차가 가득 차 있는 그 자리에 가득한 불편함이 더 크게 다가온다.

주차난은 단지 공간의 문제가 아니다. 그 속에는 사람들 사이의 불편함과 서로의 여유가 부족하다는 사실이 담겨 있다. 이 불편함을 겪고 나면, 차를 세운 후에도 마음이 불안하다. '내가 잘못 세운 건 아닐까?' '이 차가 다른 사람에게 불편을 주지는 않을까?' 불필요한 걱정이 내 하루의 일부분이 되어 버린다. 주차선 안에 반듯하게 세워야 옆 칸의 사람이 타고 내릴 때 편한데 문을 열고 탈 수가 없도록 세우면 난처할 때도 있다.

주차난, 그 작은 문제 속에서 나는 삶의 일면을 다시 한번 돌아본다. 이 작은 불편함을 통해 배려와 여유를 생각하게 된다. 어쩌면 우리가 함께 살아가는 사회에서도, 여유를 가지고 서로를 이해하려는 마음이 필요하지 않을까 하는 생각을 한다. 특히 아파트 밀집 주민들의 경우, 지하 주차장이나 그 외 주차장이 충분히 확보되지 않아 간선도로에 주차함으로써 각종 불편과 사고의 위험이 따르고 있다.

그날은 약속이 있어 운전하여 가던 중 신호대기를 하고 차들이 서 있었는데 우회전해야 하는 나는 이차선도로에 주차된 차량 때문에 갈 수가 없었다. 바로 가까운 거리에 주차장이 있음에도 불구하고 도로변에 차를 세워 놓아 쫓기는 시간에 길을 막고 있는지 슬그머니 짜증이 났다. 잠시 후 양손에 짐을 들고 나오는 젊은이의 모습을 보고 조금 이해는 되었으나 자신이 수고를 덜 하려고 다른 사람에게 불편을 주면 안 될 일이다.

어느 날, 주차 공간이 없어 이리저리 골목길을 배회하다가 "우리 집 대문 앞에 오후 다섯 시까지는 차를 세워도 됩니다."라는 표시를 우연히 발견하였다. 대부분 자기 집 앞에 주차금지를 빨간 글씨로 크게 표시하거나 폐타이어나 구조물로 주차를 할 수 없도록 조치하는 것이 일반적인 광경이다. 자신의 대문 앞 공간을 내어주는 배려가 참으로 놀랍고 고마웠다. 주인의 배려로 잠시 주차할 수 있어서 볼일을 잘 볼 수 있었다는 감사와 축복의 내용이 적힌 쪽지 여러 장이 대문에 붙어 있었다. 그 쪽지를 보면서 작은 배려와 나눔의 실천이 주는 행복감을 실감할 수 있었다. 이렇게 이웃을 배려하고 나누는 문화가 더 많아지기를 바라며 마음이 흐뭇했다.

얼마 전 일본을 다녀올 기회가 있었는데, 단독 주택일 경우 집마다 주차 공간이 마당에 있는 것을 볼 수 있었다. 차량을 소유하려면 주차 공간을 확보해야만 차량 등록이 가능하다. 자신의 차량을 합법적으로 등록하려면 자택 근처에 주차 공간이 있어야 한다. 도심 지역에서는 '주차 타워'라는 자동화된 기계식 주차 시스템이 많이 보였다. 차량을 주차하면 자동으로 기계가 차량을 이동시켜 공간을 절약하고, 대기 시간도 최소화될 것이다. 특히 주차 시 상대방에 대한 배려가 매우 중요하다고 생각하고 주차된 다른 차량에 너무 가까이 주차하지 않거나, 다른 차량이 불편하지 않도록 자리를 배려하는 모습을 자주 볼 수 있었다. 일부 도시에서는 미리 온라인을 통해 주차 공간을 예약할 수 있는 시스템이 있어 사람들이 더 효율적으로 주차할 수 있고 질서와 효율성, 그리고 배려를 중요하게 생각하는 문화를 엿볼 수 있었다.

 '주차난'이라는 단어를 들으면 공간 부족만을 떠올린다. 하지만 정말 부족한 것은 물리적인 공간이 아닐지도 모른다. 진짜 부족한 건 서로를 배려하는 마음, 그리고 내 행동이 누군가에게 어떤 영향을 줄 수 있는지를 헤아리는 상상력 아닐까?
 '잠깐이면 괜찮겠지.'라는 생각으로 입구를 막아 버리거나 또 누군가는 주차선 하나쯤 무시해도 별일 없을 거라 여긴다. 그 작은 이기심이 누군가에게는 긴 기다림이 되고, 답답한 하루가 되고, 때론 위험이 되기도 한다.
 요즘은 공유 주차 앱이 생기고, 주민들끼리 주차 정보를 나누는 커뮤니티도 늘어나고 있다. 작은 변화지만, 그 중심에는 언제나 '배려'라는 키워드가 있다. 내 공간을 잠시 내어주고, 규칙을 지키며, 상대방을 한 번 더 생각하는 마음. 그것이 결국 우리가 말하는 '주차난 해소'의 진짜 해답일지도 모른다.

그날 이후, 나는 주차할 때마다 선을 잘 맞췄는지, 다른 차에 불편을 주지는 않았는지 신경을 쓴다. 작지만 그런 마음들이 모인다면, 언제가 우리 주변의 주차 공간도 더 넓고 따뜻해지리라.

끼어들기

서울에서 고속버스를 타고 호법을 지나고 있을 때였다. 버스가 주춤하면서 운전기사의 입에서 거친 욕설이 튀어나왔다. 운전석 바로 뒷자리에 앉아서 졸고 있다가 깜짝 놀라 눈을 떴다. 바로 앞에 승용차 한 대가 끼어들기를 한 모양이다. 다시 눈을 감고 앉아 있으려는데 고속버스가 멈춰 선다. 무슨 일인가 내다보았다. 승용차도 길가에 멈춰 섰는데 버스 기사와 승용차 운전자가 멱살을 잡고 싸우는 모습이 보였다.

승용차 뒷좌석에는 예닐곱 살쯤 되어 보이는 아이와 그 동생인 듯한 아이 두 명이 겁에 질린 눈으로 내다보고 있었다. 머리를 묶은 가녀린 몸매의 아이 엄마인 듯한 여성이 남편의 허리를 두 팔로 감아쥐고 말리는 장면이 눈에 들어왔다. 버스 안 승객들은 눈을 감고 있거나 보고도 구경하는지 나서는 사람이 없었다.

순간 나도 모르게 벌떡 일어났다. 딸의 얼굴이 떠올랐다. 앞뒤 생각할 여유도 없이 나는 버스에서 내려 그들에게로 다가가서 소리쳤다. "애기 아빠! 미안하다 한마디 하면 될 것을! 저기 아이들이 보고 있잖아요!" 그리고 기사에게 단호한 목소리로 "기사님! 승객을 무시해도 분수가 있지, 갈 길이 바쁜 승객을 태운 버스를 세워 놓고 뭐 하시는 거예요, 빨리 타세요!"라고 했다. 그 순간 두 사람은 뚝 떨어지더니 각자의 차로 가는 것이었다. 엉겁결에 나서서 말린 싸움이 의외로 끝나게 되어 내심 고마운 마음이 들었다.

 승용차의 가족들은 모처럼 떠난 가족 여행길에 아이들에게 못 볼 광경을 보여 주게 되었고, 아마도 그 여행 내내 마음이 언짢았을 것 같았다. 차 안에 있던 아이들은 무슨 생각을 했을까, 싸움을 말리던 아이들의 엄마는 얼마나 마음을 졸였을까, 이런저런 생각에 내 마음이 착잡했다. 정중하게 사과했으면 좋았을 텐데 형님뻘 되는 기사와 육탄전을 벌이는 모습을 가족에게 보여야 했을까? 버스 기사도 한동안 흥분을 가라앉히느라 애를 쓰는 듯했다. 젊은 사람을 어떻게 당하려고 욕설을 퍼부으며 싸움을 시작한 것인지, 일순간의 감정을 절제하지 못하고 벌어진 일이 서로에게 상처로 남게 되었을 것이다. 사고로 이어지지 않은 것만도 천만다행이라 생각했더라면 좋았을 텐데.

 얼마 전 경부고속도로 부산 방향에서 승용차와 고속버스 두

대가 잇따라 추돌하는 사고가 발생했고, 이 사고로 35명이 부상하였다. 사고의 주요 원인으로는 무리한 차선 변경과 눈길로 인한 미끄러짐이 지목되었다. 경찰은 특히 승용차 운전자가 버스 전용차로로 무리하게 끼어든 것이 사고를 유발한 것으로 보고 조사를 진행 중이라고 한다.

  도로교통법에 따르면, 고속도로에서 무리하게 끼어들기를 할 경우 과태료와 벌점이 부과되는데, 승용차와 승합차의 경우 끼어들기 금지 구역에서 위반 시 과태료 4만 원과 벌점 10점이 부과된다고 한다. 이러한 위반은 면허 정지나 보험료 인상 등 추가적인 경제적 부담을 초래할 수 있을 뿐만 아니라 사고로 이어지면 소중한 생명을 잃게 되거나 가정의 불행을 가져오게 된다. 그것이 안전 운전과 교통법규 준수가 무엇보다 중요한 이유다.

  갈 길이 아무리 바빠도 바쁠수록 천천히 가라는 속담처럼 운전자들이 다른 차를 배려하면서 예의를 지킬 때 도로 위의 질서가 지켜질 수 있을 것이다.

흙 살리기

겉흙이 매년 240억 톤씩 사라지고 있다. 땅속에는 수천 종의 미생물, 곤충, 곰팡이, 뿌리들이 얽혀 살며 식물을 키우고 물을 정화하고 탄소를 저장하며 생명을 순환시키는 지구의 피부 바로 겉흙(topsoil)이다. 우리가 숨 쉬는 공기, 마시는 물, 먹는 음식 이 모든 그것은 바로 이 얇은 층, 겉흙에서 시작된다. 겉흙을 지킨다는 것은 생명을 지키는 일이다. 이미 전체 겉흙의 절반이 사라졌다고 전문가들은 경고한다.

탄소 감축과 함께, 겉흙 복원은 이제 선택이 아닌 생존의 과제가 되었다. 이런 급박한 위기 상황에 우리는 무엇을 하는 걸까? 농약, 과도한 경작, 도시 개발, 기후 위기의 가속화, 이 흐름이 멈추지 않는다면, 60년 후에는 식물이 자랄 수 있는 겉흙이 완전히 사라질 수 있고 먹이사슬이 무너지고 식량 위기가 닥칠 것이다. 1cm의 겉흙을 회복하려면 수백 년이 걸리는데 파괴는 단

하루면 충분하다.

공생하는 인간은 단독으로 존재할 수 없다는 본질적인 진실을 담고 있다. 도시의 인도 블록 사이에서 자라는 잡초 하나, 반려동물의 눈빛, 우리가 매일 들이마시는 공기 속 미세한 생명체들까지 우리는 그 모든 것과 연결되어 산다. 내가 내쉬는 숨이 나무의 양분이 되고, 나무가 내뿜는 산소가 다시 내 생명을 지킨다. 너무 익숙해서 잊고 살지만, 이건 아주 정교한 '함께 살아가기' 아닌가.

기술도 손안의 스마트폰 하나가 수십 개국의 자원, 수백 명의 노동, 수천 가지의 코드로 만들어진다. 우리는 어느새 기계와 알고리즘, 전 세계 사람들과 얽혀 살아가는 존재가 되었다. 혼자 사는 법을 잊은 게 아니라, 처음부터 혼자 살 수 없었다. 그런데도 우리는 때때로 자기중심적으로 자연을 정복하려 하고, 기술을 이용하며 타인을 이기려 한다. 그런 태도는 결국 스스로 고립시킨다. 공생을 외면한 인간은 인간일 수 없다. 나와 너, 인간과 자연, 사람과 기술, 그 어떤 사이도 단절되어서는 안 된다. 공생은 선택이 아니라 본능이고 책임이며 지혜다.

우리는 함께 살아가는 법을 배우는 것이 인간으로 살아가는 가장 중요한 일이 되었다. 자연을 단지 활용의 대상으로만 여겨 온 인간의 오만함에 대해 자연은 지금 엄중한 경고를 보내고 있다. 하지만 여전히 우리는 타성에 젖어 익숙한 방식과 속도를 쉽게 버리지 못하고 있다. 이대로라면 결국 인간은 지구 생태계에서 더 이상 살아남지 못할지도 모른다.

사막이 아름다운 이유가 숨겨진 물웅덩이 때문이라는 말처럼 세상 어느 곳인가에 내가 모르는 아름다운 땅이 있다는 것을 믿으며 이 삶을 충실하게 살아가는 것 자체가 인생을 살아가는 또 하나의 즐거움이 된다.

식물이 흙에 뿌리를 내리고 살 듯이 사람도 흙에 뿌리를 내리고 살아야 건강하다.

수많은 생명체가 공존하는 흙의 숨통을 막는 콘크리트에서 인간은 건강으로부터 멀어질 수밖에 없다.

기후 위기, 경제위기, 인공지능에 의한 존재 위기까지 겹친 이 시대는 방향을 틀지 못하면 되돌릴 수 없는 미래로 향하게 될 것이다.

역사는 언제나 위기에서 시작되었고, 그 위기에 각성한 평범한 개인들이 모여 새로운 질서를 만들어 왔다. 자연과 함께 살아가는 회복력을 기준으로 익숙했던 틀을 내려놓고 새롭게 시작한다는 것은 두려운 일이다. 그러나 그 길이 후손에게 삶의 기반을 물려줄 길이라면 더 늦기 전에 흙을 살리는 일을 하나라도 시작해야 한다.

플라스틱이 삼킨 바다

불볕더위가 시작되었다. 1939년 기상 관측이래 6월에 최고 기온 37.7도를 기록하여 역대 가장 더운 날이라고 한다. 지구온난화에 따른 고수온 현상은 바지락 주산지인 경기도 화성 바다도 예외가 아니다. 연간 평균 수온이 지난 2005년 16.03도에서 매년 꾸준히 상승하고 있다.

바다는 지구 전체 면적의 70%를 차지하고 있다. 지구 열에너지의 90% 이상을 흡수해 지구 기후를 조절하며, 인류 생존에 필수적인 산소를 공급한다. 수많은 생명체의 보금자리이자 인간에게는 중요한 양식의 공급원이다.

7월 3일은 세계 비닐봉지 없는 날로 유럽에서 제정했다. 플라스틱은 우리 일상 곳곳에서 광범위하게 사용되고 있으며, 배출량은 계속해서 증가하고 있다. 그 결과, 세계적으로 매년 수억 톤의 플라스틱이 생산되고 이 중 많은 양이 폐기물로 버려지고 있다. 플라스틱의 가장 큰 문제는 분해되지 않는다는 것이다. 플라스틱 제품은 수십 년에서 수백 년 이상 썩지 않는데, 플라스틱 쓰레기가 바다에 유출되면 해양 생태계가 파괴되고, 수생 동물에게 독성 물질을 공급한다. 지구상 많은 동식물이 플라스틱으로 인해 직간접적인 영향을 받으며 생태계 교란을 겪고 있다. 플라스틱 문제를 해결하기 위한 전 지구적 노력과 협력을 더 이상 미룰 수 없는 시점이 왔다.

 자연도 무시하고 지내 온 인간의 삶은 지구의 마지막 회생의 기회를 거머쥔 손에서 모두 멸망하지 않을까? 하는 생각이 드는 요즘이다. 미세플라스틱과 쓰레기가 섬이 되어 떠도는 드넓은 바다마저 오염시킨 인간, 더 이상 자연의 소리를 듣지 못하는 미련한 인간이 되어서는 안 된다.
 한때는 맑고 투명하던 바다였다. 파도는 유리처럼 빛났고, 물고기들은 자유롭게 춤추었다. 그러나 지금, 그 푸른 품은 울고 있다. 검은 그림자가 드리운 바닷속. 해파리인 줄 알고 삼킨 비닐봉지에 거북이는 고통스러운 몸짓을 남긴 채 떠내려간다. 물결에 흔들리는 건 조개가 아니라 빨대와 페트병이다. 바닷속 생명은 더 이상 안식처를 찾지 못한다.
 인간의 편리함이 남긴 쓰레기들은 조용히 바다를 잠식하고 있다. 쓰레기 섬은 점점 더 커지고, 플라스틱 조각은 바닷물에 섞여 보이지 않게 된다. 그러나 그 보이지 않는 것들이 물고기의 뱃속으로, 결국 우리의 식탁 위로 돌아온다.

 바다는 아무 말도 하지 않는다. 그저 묵묵히 모든 것을 품는다. 하지만 그 침묵 속엔 간절한 외침이 숨어 있다. '제발 더 늦기 전에 나를 지켜 줘.' 푸른 바다가 다시 웃을 수 있도록, 모두가 귀를 기울여야 할 시간이다. 미세플라스틱과 쓰레기가 섬이 되어 떠도는 드넓은 바다마저 오염시킨 우리, 더 이상 자연의 소리를 듣지 못하는 것이 아닌지 다양한 매체를 통해 환경에 관한 우려의 이야기가 들려온다.

엄마의 무너진 밤

 밤새 천둥번개가 요란하게 치며 비가 내렸다. 아침이 되어 잠은 깼으나 비가 와서 그런지 몸이 무거워 잠자리를 벗어나지 못하고 있었다. 안부를 묻느라 아침저녁으로 혼자 계시는 엄마에게 전화하는데, 뜻밖에 오늘 아침에는 엄마로부터 전화가 왔다. 가슴이 철렁했다. "간밤에 우리 집에 난리가 났어!" 엄마의 말에 혼자 계시는데 무슨 난리일까? 생각하면서 벌떡 일어나 엄마 집으로 달려갔다.

 부랴부랴 달려가 보니 유난히 긴 장마로 스며든 습기 때문이었을까. 나무의 결은 이미 제 기능을 잃은 듯 축축하고 무기력해 보였고, 그 안에 있던 그릇과 유리잔들은 바닥 위에 산산조각이 나 있었다. 비는 여전히 창을 때리고, 주방은 유리 조각과 싱크대 나무 조각으로 어수선했다.

 긴 장마의 기세는 좀처럼 꺾이지 않아서 갑자기, 하늘이 갈라지듯 천둥이 울리고, 창문 틈으로 번갯불이 번쩍 들어오더니 무언가 "쿵" 하고 무너지는 소리가 나서 천둥소리인 줄 알았는데 아침에 주방으로 가 보니 오래된 싱크대 찬장이 힘없이 무너져 내린 채 널브러져 있었다고 한다.

　마치 오래된 시간들이 한순간에 부서진 것처럼. 그릇은 단순한 식기의 의미만은 아니었다. 오래전에 선물받은 접시, 수입품 시장에서 사 왔던 투명 유리컵, 자식들이 만든 도자기 접시 하나까지, 매일 반복되는 밥상 위의 일상이, 어느새 엄마 삶의 흔적이 되어 함께 쌓여 있던 곳이었다.

　발목이 긴 장화를 신고 주방으로 들어가 쓰레받기로 깨진 그릇 조각들을 퍼서 봉투에 담기 시작했다. 엄마는 맨발로 따라 들어오면서 건질 게 없는지 조각들 사이를 살폈다. "발 조심! 유리 조각 들어가면 큰일 나요, 저쪽으로 가 계셔요."라고 소리쳤다. 잠시 의자에 앉아 있던 엄마는 "아이고, 저건 아버지가 상 타오신 그릇인데." 하며 또 주방으로 성큼 들어오려고 하여 "안 돼! 발, 유리. 거기 가만히 계시라니까." 나는 더 큰 소리로 말했다. 무너져 내린 찬장을 바라보며, 괜스레 마음도 툭 무너져 내렸다.
　익숙한 공간이 한순간에 엉망이 되는 모습을 보니, 그동안 쌓아 온 것들이 얼마나 쉽게 깨질 수 있는지 새삼 느꼈다. 오십 리터 두 봉투를 담고, 싱크대 문짝과 찬장 틀을 골라내고 나서야 주방 바닥이 드러났다. 그릇 조각들을 쓸어 담고 청소기를 돌리고 나서야 엄마는 좀 안심이 된 듯했다. 그래도 내내 아쉬워하며 세트 중 짝을 잃고 한두 개씩 온전한 그릇들을 보면서 "에이고—" 하며 혀를 찼다. "천만다행이야. 요양보호사가 있을 때 떨어졌거나, 엄마가 계실 때 그랬으면 어쩔 뻔했어. 사람 안 다친 게 천만다행이지." 위로의 말을 하면서도 여전히 안타까운 생각이 들었다.

 삶의 최소 단위인 밥그릇들이 깨진 건 엄마의 시간이 부서진 것이다. 수십 년 동안 식구들의 밥상을 책임졌던 그릇들이 그날 밤 산산조각이 났다.

 벽에 매달려 있던 오래된 찬장은 결국 무게를 이기지 못하고 떨어졌다. 그 속에는 엄마가 틈틈이 돈을 모아 장만한 그릇부터, 생일상에 올렸던 꽃무늬 접시, 명절마다 쓰던 커다란 대접까지 가족의 시간이 차곡차곡 담겨 있었다.

 "진짜 오래됐나 보다. 나도, 이것들도." 깨진 그릇 조각을 보며 엄마는 말했다. 그릇이 깨진 건 단순한 사고일 수도 있다. 그 속엔 우리가 놓치고 있었던 시간이 숨어 있었다. 한 칸 한 칸 쌓아 두었던 밥그릇은 단순한 식기가 아니라, 엄마의 수고와 사랑, 기다림과 참음의 증거였다. 이제 그 증거들이 깨어져 버렸다는 사실이 이상하게도 마음을 허물었다. 그릇이 깨져 속상한 게 아니라, 그 속에 담긴 엄마의 인생이 너무도 덧없이 쏟아져 버린 것 같아 세월이 이렇게 무너지는 소리로 다가올 줄은 몰랐다. 그날 내 마음속에 내린 비는 더 오래 스며들었다.

 그 후 찬장은 새로 설치되었고 엄마의 주방은 산뜻해졌다. 폭우는 자연의 힘을 보여 주는 강력한 현상이다. 한여름의 뜨거운 날씨에 예상치 못한 극한호우를 맞닥뜨리며 그 무서움을 온몸으로 느꼈다. 자연이 만들어 낸 거대한 재해지만 인간의 힘은 그 앞에서 무력감을 느낄 수밖에 없다. 폭우가 내리면서 도로에 물이 넘쳐흘러 차들이 움직이기 어렵게 되어 곳곳에서 미끄러지거나 멈춰서는 일이 생기고 하천이 범람하여 집이 침수되고 농작물도 물에 잠겨 버려 소득을 잃게 되었다. 몸이 불편한 노인들과 어린이들은 대피소로 가야 했다. 비가 내리는 동안 수해를 입은 사람들의 이야기가 계속 들렸다. 자연의 위력 앞에서 인간이 얼마나 연약한 존재인지를 절실히 알게 되었다. 그래도 사람들은 끊임없이 피해 복구 작업에 나섰다. 함께 힘을 합쳐 침수된 도로를 청소하고, 피해당한 사람들을 돕기 위한 자원봉사자들의 모습이 깊은 인상을 남겼다. 서로 돕고 협력하는 힘으로 극복할 수 있다는 희망을 느꼈다.

 여름 장마철이 되면 그날 밤의 천둥소리가 지금도 귓가에 맴도는 듯하다. 그러나 무너지면 다시 세울 수 있다는 것. 삶은 때로 예고 없이 번쩍이고, 부서지고, 엉망이 되기도 하지만 더 단단하게, 더 따뜻하게 우리를 조금씩 다시 고치게 만든다는 것을 알게 된 밤이다.

1+1의 유혹

 햇살이 유난히 뜨거웠던 여름 오후, 나는 생수 한 팩을 사기 위해 집을 나섰다. 에어컨 바람 속에서 느긋하게 TV를 보다가 냉장고를 열었는데, 시원한 물 한 병조차 남아 있지 않았다. '딱 생수만 사 와야지.' 하고 생각하며 차에 올랐다.

 마트는 자동차로 10분 거리였고, 주말 오후였지만 금세 주차장에 도착했다. 마트에는 사람들로 가득했다. "썸머 슈퍼 세일, 전 품목 최대 70% 할인!" 마트에 들어서자 가장 먼저 눈에 띄는 건 형형색색의 할인 팻말들이다.

 그중에서도 유독 눈길을 끄는 건 '1+1'이라는 문구다. 꼭 필요한 건 아니었지만, 하나 사면 하나 더 준다는 유혹 앞에서 나는 몇 번이고 계산기를 두드려 본다. '이게 정말 필요한 걸까, 아니면 그냥 싸다는 이유로 사려는 걸까?' 결국 손에 들린 건 두 개짜리 샴푸 세트다. 집에 있는 샴푸는 아직 절반도 쓰지 않았는데, 마치 지금 사지 않으면 손해인 것 같은 착각이 들었다. 그렇게 나는 또 한 번 마케팅의 함정에 빠져 버렸다. 굵은 글씨와 화려한 색감, 그리고 '오늘 단 하루'라는 문구가 빨간색으로 강조되어 있었다. 순간적으로 내 머릿속엔 '오늘 안 사면 손해일지도 몰라.' 단지 생수만 사러 왔다던 결심은 그 문구 하나로 흔들리기 시작했다.

　카트를 끌고 들어선 마트 안은 축제 분위기였다. 각종 할인 품목들이 통로 한가운데 잔뜩 진열되어 있었고, 직원은 마이크로 "지금 이 상품, 단 3개 남았습니다!"라며 사람들을 자극했다. 에어컨 바람은 시원했고 사람들의 얼굴엔 기대와 설렘이 가득했다. 나도 모르게 발걸음이 느려지더니 손은 자연스럽게 물건들을 집어 들기 시작했다. 과자 3봉지 세트, 특가로 묶여 있던 수박 한 통까지 카트는 어느새 가득 차 있었다. 그리고 이상하게도, 그렇게 물건을 담고 있을 때만큼은 마음이 무척 흐뭇했다. 마치 내가 여름을 미리 준비한 부지런한 사람이라도 된 것처럼.

　계산대 앞에 섰을 때, 현실은 날카로운 숫자로 돌아왔다. 카드 단말기에 찍힌 금액은 내가 생각했던 것보다 훨씬 많았고 손이 떨릴 정도로 당황스러웠다. 하지만 이미 물건은 바코드로 찍혔고 계산대 뒤엔 기다리는 사람들이 길게 줄 서 있었다. 뒤돌아설 수 없었다. 마지못해 카드 결제를 마치고 물건을 담아 들고나왔다.

　집에 도착해 쇼핑백을 하나씩 열며 정리하다가 문득 멍해졌다. 가장 허탈했던 건, 내가 마트에 간 원래 이유였던 생수를 사지 않았다는 사실이었다. 아무리 찾아봐도 보이지 않았다. 너무 당황해서 진짜 냉장고 문을 두 번이나 열어 확인했다. 그 순간, 마음속에서 씁쓸한 웃음이 터져 나왔다. 그 웃음은 자신에 대한 실망이자, 마케팅의 기술에 순순히 휘둘린 스스로를 향한 자조였다.

 사실 이런 경험이 처음은 아니었다. '할인'이라는 말은 언제나 사람을 조급하게 만든다. 마치 지금 사지 않으면 평생 후회할 것처럼. 하지만 그 결과는 대부분 반대였다. 충동적으로 산 물건은 애물단지가 되었고, 그 기억은 내 소비생활에 흉터처럼 남았다. 그런데도 나는 쉽게 같은 실수를 반복한다.

 생각해 보면 '1+1'은 단순한 숫자 놀이 그 이상이다. 그것은 인간의 본능, 특히 손해 보기 싫어하는 마음을 정교하게 건드린다. 무언가를 얻는 것보다 무언가를 잃는 것을 더 두려워한다. '지금 안 사면 나만 손해 보는 것 같아.'라는 감정은 생각보다 큰 힘을 지닌다. 하지만 집에 쌓여 가는 '1+1'의 흔적들은 나에게 질문을 던진다. 정말 필요한 것이었는지, 아니면 잠시의 감정에 휩쓸렸던 것은 아닌지. 더 많은 것을 가지기 위해 시작한 소비는 때때로 나를 더 무겁게 만들었다.

이번 일을 계기로 소비에 대한 태도를 다시 생각하게 되었다. 단순히 물건을 사는 게 아니라, 내 일상을 어떻게 채우고 싶은가에 대한 고민이 필요하다는 것을. 필요한 것만 사는 것은 결코 인색한 일이 아니다. 오히려 나를 중심에 두는 생활의 시작이다.

요즘 마트에 갈 때 목록을 적는다. 메모지에 꼭 필요한 것만 쓰고, 절대 그 목록 밖의 물건은 사지 않겠다고 스스로와 약속한다. 물론 여전히 마음은 흔들릴 때가 많다. '이건 언젠가 필요할지도 몰라.' '이 가격에 이런 물건은 다시없을 거야.' 같은 생각이 머리를 맴돌지만, 그날, 생수 한 팩도 사지 못한 채 무거운 짐만 들고 돌아왔던 일을 떠올린다.

데이터 쓰레기

 아침에 일어나면 제일 먼저 SNS를 확인한다. 그리고 이메일을 열어 보고 필요 없는 것들을 삭제한다. 한때는 사진 하나, 문서 하나를 아껴 저장하던 시절이 있었다. 클라우드도 있고, 테라바이트 단위의 저장 공간도 있다 보니 무심코 데이터를 쌓는다. 필요한 것도, 필요 없는 것도, 다시 보지 않을 것도. 그렇게 하루하루 쌓이는 '데이터 쓰레기'는 어느새 디지털 일상의 그림자가 되었다. 이메일 한 통을 저장하는 데 4mg의 이산화탄소가 발생한다고 하니 가만히 있어도 온실가스를 발생시키게 된다.

 스마트폰 앨범을 열어보면 똑같은 각도의 셀카 수십 장, 한 번 쓰고 마는 스크린샷, 의미 없이 저장된 것들이 자리 잡고 있다. 하드디스크엔 예전에 보겠다고 받아 놓고 한 번도 열지 않은 파일이 켜켜이 쌓여 있다. 이미 지나간 알림과 필요 없는 정보들이 수두룩하다. 우리는 마치 디지털 쓰레기 더미 위에 살아가는 기분이다.

정보가 넘치는 시대지만, 아이러니하게도 우리는 더 무뎌지고 있다. 중요한 정보와 불필요한 데이터의 경계가 흐릿해지고, 판단의 기준은 점점 사라진다. 혹시 모르니 저장해 두려는 습관이 결국 마음속도 공간도 복잡하게 만든다. 실상 우리는 정보를 수집하는 것이 아니라, 쓰레기를 모으고 있는지도 모른다.

쓰레기는 단순히 공간을 차지하는 것이 아니다. 우리의 선택을 흐리게 하고, 주의를 산만하게 만들며, 디지털 삶을 무거운 짐으로 바꾼다. 마치 집 안 곳곳에 쌓인 물건처럼, 마음속까지 어지럽힌다. 그래서 가끔은 정리가 필요하다. 파일을 지우고, 구독을 끊고, 알림을 꺼 두는 것. 그것은 단순한 삭제가 아니라, 삶의 여백을 되찾는 일이기도 하다. 진짜 중요한 것은 많지 않다. 필요 없는 데이터에 가려진 소중한 기억, 중요한 정보, 그리고 내 마음의 여유를 되찾기 위해, 나는 결심해 본다. 데이터 쓰레기 속에서 진짜 나를 지키는 일 그것이야말로 디지털 시대를 살아가는 우리의 새로운 숙제다.

디지털 세상이 되어 디지털 금이라는 가상화폐까지 등장하여 한 사람의 삶은 이제 서랍 속 일기장이 아니라, 수천 개의 클릭과 업로드, 메시지와 사진 속에 보관된다. 우리는 매일 디지털 세계에 흔적을 남기며 살아가고 어느 날, 사람의 생이 멈추면 그 데이터들은 그대로 남아 있다. 보이지 않는 장례식. 데이터의 관을 덮어야 하는 시대이다. 미래의 직종으로 데이터 장의사(Data Mortician 또는 Digital Undertaker)가 유망하다고 할 정도로 사망자의 디지털 흔적을 정리하는 일을 해야 하는 시대에 살고 있다. 데이터 쓰레기를 버리는 일이야말로 하루의 일과 중 빼놓을 수 없는 일이 되었다.

혼밥

주말 오후, 어딘가 떠나고 싶어 길을 나섰다. 고속도로를 지나 국도로 들어서 가다 보니 한정식집이 눈에 띄었다. 점심시간을 조금 지난 늦은 시간이었다. 문을 열고 들어선 식당은 조용했다. 테이블이 거의 비어 있어, 주방이 가까운 곳에 자리를 잡았다. 직원이 다가와 주문을 받았다. 나는 조심스레 "혼자예요."라고 말했다. 그러자 짧은 정적이 흐르고, 그다음 들려온 말은 단호했다. "저희는 이 인분 이상만 받습니다."

뭔가를 잘못 들은 줄 알았다. 직원은 딱히 미안한 기색도 없이 "죄송합니다."라고 덧붙였다.

가까운 거리에 누군가 같이 식사할 사람을 찾았다. 전화로 여기 점심 식사하러 올 수 있는지 물었더니 이미 식사했다고 한다. 자동차로 삼십 분 정도 걸리면 올 수 있는 거리인데 할 수 없이 나는 고개를 숙인 채 식당을 나섰다.

거리에는 햇빛이 쨍쨍했다. 갑자기 무척 혼자가 된 기분이 들었다. 이건 단순히 밥 한 끼를 못 먹은 게 아니었다. 나는 혼자라는 이유로 거절당한 것이었다.

요즘은 혼밥이 흔하다고들 한다. 각자 먹고 싶은 걸 먹고, 조용히 시간을 보내는 것도 하나의 문화가 되었고, 방송에서는 연예인도 혼자서 맛집을 다닌다. 그런데 현실은 여전히 그렇지 않다. 혼자는 여전히 배려 대상이 아닌 제외의 대상이 되기 쉽다. 자리를 덜 차지해도, 소란을 피우지 않아도, 혼자는 언제든지 불편함을 초래하는 손님일 뿐이다.

나는 그날 근처 편의점에서 삼각김밥 두 개와 캔 커피 하나를 사서 벤치에 앉았다. 식탁도, 따뜻한 접시도 없었지만, 내 앞에선 아무도 나를 거절하지 않았다. 지나가는 사람들은 신경 쓰지 않았고, 나는 혼자라는 이유로 눈치를 보지 않아도 되었다. 물론 식당 운영자 입장으로 생각해 보면 이해할 수 없는 건 아니다. 회전율, 테이블 운영, 단체 손님 대비 등 여러 현실적인 이유가 있었을 것이다. 하지만 그 어떤 이유도 "혼자라서 안 됩니다."라는 문장보다 설득력 있게 다가오지는 않았다. 거절당한 건 처지가 아니라 존재 그 자체였으니까.

혼자 밥 먹기는 외로움을 감싸 주는 시간이기도 하다. 때론 나를 더 깊이 들여다보는 기회이기도 하다. 그러나 그런 혼자 밥 먹기 마저 "혼자라서 안 됩니다."라는 문턱에 막히면, 사람은 더 고립될 수밖에 없다. 나는 여전히 혼자 밥 먹기를 즐긴다. 하지만 그날의 경험은 내 안에 작은 경계선을 남겼다. 나는 혼자 밥을 먹을 수는 있어도, 혼자서 모든 시선과 거절을 견뎌야만 하는 사람인가? 그 질문은 아직도 답이 없다. 그래서 오늘도 나는 식당의 문을 열며, 속으로 한마디를 먼저 준비해 둔다.

'혼자예요, 괜찮을까요?'

멈춰버린 냉장고

　여름이 점점 길어지고 연일 역대급 무더위가 지속되고 있다. 뉴스에서 스페인 최고 기온이 45.7도를 기록하여 폭염 관련 사망자가 360명에 달한 것으로 파악했으며, 특정 시기에 통상적으로 발생할 것으로 예상되는 사망 건수를 넘어선 초과 사망도 폭염 탓에 237명으로 집계됐다고 밝혔다고 한다. 포르투갈의 작은 도시 피냥의 최고 기온은 47도를 기록하여 1995년 7월 아마렐레자 지역의 기온이 46.5도까지 올라갔는데, 이 기록이 깨졌다고 한다. 한 주간 폭염으로 인한 사망자도 659명에 이르고, 프랑스도 이 같은 유럽을 휩쓰는 폭염을 피하지 못하여 기온이 38도까지 올라갔으며, 기상청은 16일 서부 해안가 15개 지역에 최고 수준의 폭염 적색경보를 내렸고, 51개 지역엔 두 번째로 높은 폭염 경고 수준인 오렌지 경보를 내렸다는 소식이었다. 전 세계가 더위로 인해 몸살을 앓고 있다. 연일 기상청은 새로운 기록을 발표하고, 사람들은 에어컨과 선풍기, 얼음물을 달고 하루를 견뎠다. 여성들이 쓰던 양산을 요즈음은 남성들도 쓰고 다니는 모습을 보게 된다.

묵묵히 그 자리에서 일만 하던 물건 하나가 더위의 정점에서 멈춰 섰다. 우리 집 16년 된 냉장고였다. 처음엔 고장 난 줄 몰랐다. 문을 열었을 때, 차가운 공기가 아닌 묘하게 후끈한 느낌이었다. '요즘은 냉장고도 더운가 봐.' 나는 대수롭지 않게 웃었지만, 그 웃음은 곧 굳어졌다. 우유는 미지근했고, 얼음은 물이 되어 있었으며, 반찬 통은 뚜껑을 밀고 나올 듯 부풀어 있었다. 그날은 8월의 한가운데, 섭씨 37도. 햇볕이 아스팔트를 녹이는 한낮이었다. 그 시간에, 열여섯 해를 버텨 온 냉장고가 더는 버티지 못하고 조용히 멈춰 섰다. 냉장고가 고장 났다는 사실 앞에서 나는 불편함보다 묘한 슬픔을 먼저 느꼈다. 문을 열고, 멍하니 안을 바라보았다.

남은 열기, 빠져나간 냉기, 그리고 말없이 식어 가는 세월. 혼란은 곧 현실이 되었다. 냉동실의 만두와 육류, 냉장실의 반찬과 우유, 모두 상하거나 녹아내렸다.

비닐봉지를 들고 냄새를 참으며 하나하나 버렸다. 익숙하고 무심했던 그 '차가운 공간'은 그제야 존재감을 드러냈다.

AS센터에 방문 예약하니 3일 뒤로 잡혔다. 다른 집들도 고장 접수가 많다고 했다. 냉동실에서 나온 생선 고깃덩어리, 얼어 온 떡, 언제 넣었는지 모를 재료와 먹을거리들이 많이도 들어 있었다. 모델 번호를 사진 찍어 접수하고 기다렸다.

쓰지 않고 베란다 구석에 두었던 대형 아이스박스를 꺼내어 깨끗하게 닦았다. 그동안 냉장고 안에 들어 있던 재료 중 금방 상할 것 같지 않은 버리기 아까운 것들을 담았다. 얼음을 채워야 하는데 얼음을 파는 곳을 찾기가 쉽지 않았다. 핸드폰으로 검색하여 찾아가면 문을 닫고 빈 점포였다. 몇 번을 허탕 친 뒤에 겨우 한 곳에서 이만 원을 주고 산 얼음을 두 개의 아이스박스에 넣었다. 날씨가 너무 더워 매일 녹은 얼음물을 쏟아 내고 새 얼음을 채워야 했다.

냉장고 없는 삶은 불편했다. 식사는 '한 끼용'만 준비해야 했다. 남길 수 없기 때문이다. 그런데 그 며칠 동안, 불편함 속에서 새삼 느꼈다. 그동안 얼마나 많은 것들을 쌓아 두고 살았던가. 쓰지 않는 양념, 잊힌 반찬통, 냉장고는 오랫동안, 나의 '미루기'와 '망각'을 품고 있었다. 며칠 후 예약 날짜에 AS센터에서 전화가 왔다. 냉장고 수명은 보통 10년을 보는데 16년 사용하였고 그 모델은 부품이 없다는 것이다. 애당초 접수할 때 모델명을 알려 주었으니 그때 그랬으면 새 냉장고를 즉시 새로 구입했을 텐데 무더위에 며칠 동안 얼음 구하느라 고생하고 결국 보관하던 재료도 버릴 수밖에 없었다.

 사물도 늙는다. 그리고 언젠가는, 아무 말 없이 우리를 떠난다. 냉장고는 죽지 않았다. 다만 일하는 걸 멈췄을 뿐이다. 그건 기계의 고장이 아니라, 삶의 한 구간이 끝났다는 신호처럼 느껴졌다.

 새 냉장고는 작은 것으로 구입했다. 전기 소모량도 적고 그날그날 먹을 것만 장만하고 쟁여 놓지 않기로 했다. 이제 냉장고 문을 열 때마다 묻는다. 이건 정말 필요한가? 또 뭔가를 '쌓아 두려'는 건 아닐까? 가장 더운 날에 멈춰 선 그 냉장고 덕분에, 기계에도 수명이 있다는 걸, 그리고 사물은 가끔 우리에게 삶을 되돌아볼 기회를 준다는 것을 알게 되었다.

상호 의존성

 인간은 본질적으로 사회적 존재다. 누구도 고립된 섬처럼 홀로 살아갈 수 없다. 하지만 우리는 종종 '독립'과 '자립'을 이상화하며 누군가에게 기대거나 도움을 받는 것을 꺼리게 된다. 그것이 나약함처럼 느껴지고, 스스로 서지 못하는 사람이라는 인식을 주기 때문이다. 그러나 삶을 조금만 깊이 들여다보면 누구도 혼자일 수 없으며 그 누구도 혼자여서는 안 된다는 사실을 알게 된다.
 상호의존성은 '서로가 서로에게 의지하는 관계'를 말한다. 이는 일방적인 의존이나 주종 관계가 아니라, 서로가 주고받으며 균형을 이루는 구조다. 가장 쉽게 떠올릴 수 있는 것은 생태계다. 식물은 햇빛과 이산화탄소 물을 흡수해 산소를 내놓고 동물은 그 산소를 마시며 살아간다. 동물은 배설물이나 사체를 통해 다시 자연에 영양분을 되돌려주고, 이 모든 순환이 생명을 유지한다. 무심코 지나치는 풀 한 포기, 바람 한 줄기에도 상호의존의 원리가 스며 있다.

  인간 사회 역시 마찬가지다. 오늘 아침에 먹은 빵 한 조각을 생각해 보면, 그것은 누군가가 밀을 재배하고, 수확하고, 가공하고, 운반하고, 포장하고, 판매하는 과정을 거쳐 나의 식탁에 놓인 것이다. 나는 단지 '돈을 지불'했을 뿐이지만, 사실상 많은 사람의 노동과 시간, 노력에 의한 것이다. 상호의존은 보이지 않는 곳에서 일상을 떠받치고 있는 기본 구조이며, 우리는 그 위에서 살아간다.

  현대 사회는 이 상호의존성을 점점 더 망각하게 만든다. 경쟁 중심의 가치관은 '나의 성공'을 위해 '타인의 도움 없이' 살아야 한다는 압박을 만든다. SNS에서는 혼자 모든 것을 해내는 '완벽한 삶'이 미덕처럼 소비되고, 타인에게 도움을 청하는 것이 자존감의 손상처럼 느껴지기도 한다. 이러한 생각은 오히려 우리를 더 고립시키고, 인간으로서의 본질적인 연결을 약화시킨다.

  상호의존성은 약함의 표현이 아니라, 관계를 맺고 함께 살아가기 위한 용기이다. 한 사람이 실수하거나 넘어졌을 때 다른 사람이 손을 내미는 것, 누군가의 이야기를 진심으로 듣고 함께 아파하는 것, 공동체 안에서 각자의 역할을 존중하고 나누는 것이 상호의존의 실천이다. 서로를 통해 성장하며, 서로의 존재를 통해 삶의 의미를 더욱 깊이 깨닫게 된다.

　이러한 상호의존의 원리는 단지 가족이나 친구 같은 가까운 관계에서만 작동하지 않는다. 직장, 지역사회, 국가, 나아가 국제 사회까지도 마찬가지다. 오늘날의 세계는 점점 더 복잡하게 연결되어 있다. 한 나라의 기후 문제는 다른 나라의 식량 생산에 영향을 미치고, 특정 지역의 전쟁은 전 세계의 경제에 영향을 준다. 이 순간에도 지구 반대편에서 일어나는 사건이 내 삶에 직간접적으로 영향을 미치고 있다. 세계는 거대한 연결망이며, 이 거미줄 같은 구조 속에서 그 어떤 존재도 완전한 고립 상태로 존재할 수 없다.

　상호의존성은 책임감을 부여하여 '나 하나쯤이야'라는 무책임한 생각이 왜 위험한지, '작은 행동 하나'가 얼마나 큰 변화를 만들 수 있는지를 이해하게 된다. 나의 말 한마디가 누군가의 하루를 바꿀 수 있고, 나의 무관심이 누군가를 더욱 고립되게 만들 수도 있다. 반대로, 따뜻한 시선 하나가 삶을 바꾸는 계기가 될 수도 있다. 끊임없이 영향을 주고받으며, 그 영향 속에서 살아간다.

　결국 상호의존성은 단순히 '함께 존재한다'는 의미를 넘어서 '서로를 통해 존재한다'는 깊은 삶의 방식이다. 서로에게 기대며 살아간다는 사실을 인정할 때, 우리는 더욱 진솔하고 따뜻한 사회를 만들어 갈 수 있다. 그 속에서 약함은 부끄럽지 않고 자연스러운 것이며, 도움을 주고받는 것은 선택이 아니라 본능이라는 것을 깨닫게 된다.

혼자는 멀리 가지 못한다. 그러나 함께라면 더 깊이, 더 오래, 더 의미 있게 걸어갈 수 있다. 함께 살아가기 위해 반드시 되새겨야 할 삶의 태도이며, 고립이 아닌 연결을 선택하는 용기다. 우리는 혼자가 아니라, 우리로 살아가야 한다.

양평역에서 왕십리까지

　무궁화호 열차를 탔다. 양평역에서 내려 경의 중앙선 지하철을 타면 경로우대로 교통비가 들지 않아 가끔 이용하고 있다. 경로석이 비어 있어 앉아서 갈 수 있으니 더 편리하다. 운전할 때는 볼 수 없었던 경치를 보며 창밖으로 스치는 녹음 짙은 나뭇잎 사이로 뭉게구름이 파란 하늘과 어울려 맑은 날씨에 마음도 후련하다. 옆자리에 얼굴이 까맣게 그을린 왜소한 체격의 할아버지가 앉아 있고 그 앞에 놓인 손수레에는 상추 그림이 있는 상자가 하나 실려 있었다. 우두커니 경치만 보는 것도 지루하여 말을 걸었다.
　"상추 팔러 가시나 봐요."
　"팔기는요 뭐, 아들이 분당 살아서 농약도 안 치고 농사지은 거 아들 손자 먹이려고 주러 가요."
　"어머나, 그 며느리는 복도 많네요, 시아버지 차비 하시라고 봉투라도 두둑하게 드려야겠네요."

진심으로 고마운 마음이 들 것 같아 그렇게 대꾸했다.

허허, 할아버지는 너털웃음을 짓더니 "차비는 고사하고 버리지나 않으면 다행이지요. 며느리 얼굴은 보지도 못해요. 그냥 경비실에 맡기고 오지요, 돈은 안 줘도 내가 쓸 만큼 벌어 놓았어요."라고 말씀하셨다.

"그러면 주지 마세요, 힘들게 하신 건데."

"아들이 좋아해서 주지요, 뭐." 하면서 지난번 얘기를 들려주었다. 아들이 지방으로 출장을 가서 경비실에 맡기고 왔더니 몇 번이나 찾아가라고 연락해도 안 찾아가니 어떻게 하느냐고 경비실 근무자에게서 전화가 와서 아저씨 드시라고 했다고 한다. 이어서 지금까지 살아온 이야기보따리를 풀어놓기 시작했다.

마을 뒤편, 그동안 하던 쌀가게를 접으면서 땅을 샀다. 오래된 흙길을 지나 새로 지은 빨간 지붕 이층집이 나온다. 오른편으로 텃밭이 있다. 이 텃밭은 오랜 친구이자 말 없는 벗이었다. 아내가 떠난 뒤, 허전한 시간을 채운 것도, 손주들 생각하며 마음을 달랜 것도 바로 이 밭이다.

매일 아침, 햇살이 퍼질 무렵이면 호미를 들고 밭에 나간다. 땅은 거짓말을 하지 않는다. 손을 대면 대는 대로, 정성을 들이면 들인 대로 반응을 보인다. 깻잎은 벌써 장아찌 담글 만큼 넉넉하게 자랐고, 고추는 매운 기운을 머금으며 하루가 다르게 한창이다. 며느리가 좋아한다는 가지도, 얼마 전부터 보라색 얼굴을 내밀기 시작했다.

할아버지는 이 채소들이 가족들 식탁에 오를 것을 상상한다. 손주는 상추에 삼겹살을 싸서 크게 한입 베어 물고, 아들은 된장에 고추를 찍어 먹는다. 며느리는 가지무침을 하며 "아버님 밭작물은 유기농이라 더 맛있어요."라며 웃는다.

그 상상 속 식탁은 늘 웃음소리로 가득하다.

주말이면 한 번쯤 아들 집에 다녀온다. 분당에 자리 잡은 아들. 결혼하고 아이 낳고, 바쁘게 사느라 자주 보긴 어렵다. 직접 기른 채소라도 가져가면 좋아하겠지 싶어 이번에도 한가득 꾸렸다. 바구니에 갓 딴 채소들을 담고, 닭장에서 알을 골라 달걀 한 판도 챙겼다. 정성이라는 건, 누가 보지 않아도 스스로 빛을 내는 거라고 믿어 왔다.

"아버님, 다음부턴 오시기 전에 말씀 좀 주세요. 냉장고도 가득하고, 음식도 이미 해 놔서요." 갑작스러운 방문이 불편할 수도 있고, 내 마음을 몰라준다고 탓할 수도 없는 일이다. 하지만 마음 한쪽에 서운함이 젖어 드는 것을 막을 수는 없었다.

며느리는 상자에 담긴 채소를 보며 "이걸 다 어디에 두지? 여름이라서 금방 상하는데."라고 중얼거렸다. 그 말이 할아버지 귓가를 스쳤다. 그 순간 이 채소들을 어디에 두어야 할지 정말 모르게 되었다. 며느리에게는 예상치 못한 방문이었고 상자 속 채소는 그리 반가운 존재가 아니었다. 언짢은 마음에 더 머무를 수도 없고 학원에서 늦게 온다는 손자의 얼굴도 못 본 채 있지도 않은 저녁 약속을 핑계로 발길을 돌렸다.

집으로 돌아가는 길, 고속버스 창밖으로 도시의 초저녁 불빛이 스쳐 간다. 텃밭의 고요함과 이 도시의 복잡함이 너무 달라, 무언가를 잘못한 건 아닌가 하는 생각도 들었다. 좋은 걸 주고 싶은 마음이 꼭 좋은 것만은 아니라는 걸 오늘에서야 또 배운다. 집에 도착해, 다시 텃밭으로 향했다. 그사이 가지는 조금 더 자랐고, 깻잎은 더 넓어졌다. 달빛 아래서 고추를 따다 말고 하늘을 올려다봤다.

정이라는 건, 흙처럼 느리게 자라는 것일까. 어쩌면 지금은 뿌리만 내리고 있는지도 모른다. 비록 눈에 띄지 않아도, 마음에 심은 씨앗은 언젠가 꽃을 피우리라. 아마 할아버지는 다시 누군가에게 마음을 건넬 날을 기다리며, 내일도 호미를 들고 텃밭으로 나설 것이다. 그게 외로운 일일지라도, 그에겐 그리움과 사랑을 담는 방식이니까.

양평역에서 시작한 그의 삶의 이야기가 한 시간 동안 왕십리까지 이어졌다. 이곳에서 내려 서로의 건강을 빌며 우리는 각자 아들 집 가는 길을 향해 헤어졌다.

꽃받침

친정집 마당 한 귀퉁이에 화단이 있었다. 부모님과 함께 가꾸던 그곳의 작은 꽃들이 떠오른다. 맨 앞줄에는 채송화가 차지했고 그 뒤로 백일홍과 사루비아가 여름내 피어 있었다. 바로 옆에는 봉숭아꽃이 피어 여름밤이면 손톱에 꽃물을 들이곤 했다. 울타리 가에는 해바라기가 해를 맴돌고 가을이 되면 고소한 씨앗을 맺어 주어 그것을 까먹는 재미도 쏠쏠했다. 해바라기의 노란색이 좋아서 지금도 그 색을 좋아한다.

원래 마당 귀퉁이에는 흙도 거칠고 그늘이 많아 잡초 외에는 별다른 생명이 자라지 않던 자리였다. 땅이 단단하게 굳어 있어 뿌리 깊은 잡초들이 비만 오면 불쑥 자랐다. 꽃을 심으려고 삽질하면 내 묵은 감정들도 함께 퍼내는 듯했다. 돌을 골라내고 거름흙을 섞어 주면 땅이 숨을 쉬는 것 같아 나도 덩달아 숨통이 트이는 기분이었다.

꽃은 물을 주고 돌본다고 해서 금세 피어나는 것이 아니어서 자라려면 시간과 인내가 필요했다. 어떤 날은 며칠간 비가 오지 않아 마른 흙을 보고 애가 타기도 했고, 또 어떤 날은 갑작스러운 소나기에 작은 줄기들이 쓰러질까 마음 졸이기도 했다. 한약방에서 약재를 달이고 난 찌꺼기를 얻어다 거름으로 주었다. 결국 꽃은 자기 속도대로 자라났고, 그 느림을 통해 기다리는 법을 배웠다.

화단을 돌보면서 작은 변화에도 민감해졌다. 오늘은 봉오리가 생겼는지, 어제보다 줄기가 얼마나 컸는지, 어느 방향으로 해가 더 잘 드는지. 자연은 말없이 무언가를 계속 가르쳐 주었고 그 교감에 귀 기울이게 되었다. 무엇보다 이 작은 화단은 마음의 쉼터가 되었다. 지치고 무기력해지며 괜스레 울적한 날에도 화단 앞에 서서 꽃들과 눈을 맞췄다. 그들은 아무 말도 하지 않고 묵묵히 제 자리를 지키며 살아가는 모습만으로도 큰 위로가 되었다. "너도 잘하고 있어." 마치 그렇게 말해 주는 듯했다.

화단을 가꾸는 일은 곧 나를 가꾸는 일이었다. 잡초를 뽑는 일은 내 안의 불필요한 생각을 덜어내는 일과 같았고, 꽃을 심는 일은 내 마음속에 희망을 심는 일이었다. 결국 자연과 흙은 우리가 잊고 있던 삶의 태도를 조용히 되새기게 한다.

작은 바람과 밝은 햇살, 벌 나비들의 날갯짓, 꽃잎의 흔들림.

그 모든 것이 나의 하루를 특별하게 만든다.

꽃들이 지닌 아름다움에 빠져들 때면 그 화려한 꽃잎을 만지며 감탄했지만, 꽃받침에 대해 생각해 본 적은 없었다. 시간이 흐르고 꽃의 모든 부분이 얼마나 중요한지를 알게 되면서 꽃받침의 고마움을 느끼게 되었다.

흔히 꽃을 보면 화려한 꽃잎과 그 중심에 있는 꽃술에 집중하게 된다. 쉽게 눈에 띄지 않는 부분이면서도 사실 꽃받침은 꽃이 존재할 수 있게 하는 중요한 역할을 한다. 꽃을 보호하고, 제대로 자라도록 돕는 보호자의 역할을 하는데, 그 중요성은 종종 잊고 지내기 마련이다.

꽃받침은 꽃이 자라나는 과정에서도 중요한 역할을 한다. 비바람에 꽃잎이 다치지 않도록 보호하고, 꽃이 피기 전에는 그 모양을 완성하는 역할도 한다. 이런 점에서 말없이 헌신하는 존재이다. 밖에서 드러나는 화려함이나 성공적인 결실은 주로 꽃잎이나 꽃술이 보여 주지만, 그 모든 것이 꽃받침이라는 숨은 존재 덕분에 가능했다. 전혀 화려하지 않으면서 꽃을 피우고, 꽃을 지탱하는 중요한 힘을 발휘한다.

우리 주변에도 묵묵히 자신을 드러내지 않으면서도 중요한 역할을 하는 사람들이 있다는 것을 알게 된다. 부모님, 선생님, 친구 중에도 나를 돕고 지지하며 힘을 실어 주는 사람들이 많다. 그들이 바로 그런 존재이다. 종종 그들의 존재를 잊고 살아가지만, 그들이 없었다면 지금의 내가 없었을 것이다. 꽃받침처럼, 그 자체가 드러나지 않더라도, 삶에서 중요한 역할을 하는 사람들에게 감사하는 마음을 가져야겠다고 다짐해 본다.

  삶의 아름다움은 어쩌면 가장 가까운, 작고 소박한 곳에 숨어 있는지도 모른다. 마당 귀퉁이의 조그만 화단처럼, 그곳에서 자라나는 생명처럼, 천천히, 그러나 분명히 꽃받침의 소중한 가치를 알며, 나 역시 주어진 자리에서 묵묵히 역할을 다하는 사람이 되고 싶다.

에필로그

사람들 사이에서
잊힌 풍경 속에서
문득 흘러나온 감정의 조각들

말이 되지 못한 채
입술 끝에서 맺히다 흩어진 기억들
세상에 다 닿지 못하고 돌아온
내 안에 오래 울리던 울음들
그 부스러기들을 한데 적은 것입니다.

부스러기란 온전하지 못했기에
더욱 정직한 마음의 모양이 아닐까요.

때로는 너무 작아서
또는 너무 아파서 말로 옮기기조차 어려워서

글로 남기고 싶었는지 모릅니다.

혹시
자기만의 그림자 부스러기를 쥐고 있다면
부디 그것을 부끄러워하지 않기를,
어쩌면 가장 소중한 것은
부서진 자리에서 가장 깊은 진실을 품고 피어나니까요.

2025년 가을, 솔향